EL NUEVO MILLONARIO

Secretos bíblicos para ganar millones y mantenerlos

Apóstol Steve Lyston

Número de control de la Biblioteca del Congreso (ingles): 2018906605
ISBN: 978-1-7320762-7-3

La edición original de este libro está disponible en Library and Archives Canada en www.collectionscanada.ca/amicus/index-e.html

Versión original en inglés editada por: Hazeth B. Williams, Marsha A. Williams-McCormack, Michelle R. Lyston
Diseño de la cubierta por: Johann D. A. Williams
Diseño: Nicole Bertram

Este libro está diseñado para proporcionar información precisa y autorizada con respecto al tema tratado. Esta información se ofrece en el entendimiento de que el autor no se dedica a prestar asesoramiento legal y profesional. Dado que los detalles de su situación dependen de los hechos, debe buscar los servicios de un profesional competente.

Publicado en los Estados Unidos de América

DEDICACIÓN

Este libro está dedicado, en primer lugar, al *Espíritu Santo de Dios*, sin el cual no podría haber realizado esta tarea de honor.

En segundo lugar, dedico este libro a

Mi esposa, la pastora Dra. Michelle Lyston

Mis hijos - Shevado Lyston, Hannah Lyston y Joshua Lyston

Y a la memoria de nuestro hijo, *Moses Lyston*, que volvió a estar con el Señor
(Josué 1: 1 - 5)

En tercer lugar, a todos los Nuevos Millonarios, familiares y amigos cercanos que se quedaron con nosotros a través del fuego - Dios los bendiga abundantemente.

Finalmente, este libro está dedicado a los hombres y mujeres de Dios que luchan en tiempos y temporadas difíciles. Dios no se ha olvidado de ti - ¡está a punto de llevarte a tus lugares de riqueza!

UN AGRADECIMIENTO ESPECIAL

A todas las personas que nos han apoyado y acompañado a lo largo de los años. Aprecio a todos y cada uno de ustedes y todo lo que hacen por el Señor. Continúen confiando, apoyando y creyendo en Dios. Su trabajo de amor no es en vano.

TESTIMONIO

Después de escribir el libro End Time Finance: La guía de Dios para usted, su negocio, su iglesia y su nación, pensé que todo estaría bien. Pero Dios decidió llevarnos a otro viaje. Él comenzó a enseñarme sobre lo que debe ser un Nuevo Millonario.

Dios, a través del poder de su Espíritu Santo, nos llevó a través del fuego. Nos dimos cuenta de que para obtener la riqueza de la manera correcta -incluso la riqueza del conocimiento, la sabiduría y el entendimiento- se necesitaría mucho dolor y sufrimiento.

Nos dimos cuenta de que el mundo fue diseñado para tomar su riqueza y mantenerlo en la servidumbre / deuda, que es el número uno (1) peligro para la salud. Es difícil encontrar una persona de negocios honesta. Todos serán amables contigo, y te convencerán de que compres o realices transacciones comerciales con ellos. Sin embargo, después de eso, te quedas endeudado con altos tipos de interés.

Todo el mundo quiere ser millonario, pero nadie quiere atenerse a los principios de Dios. Mientras que los empresarios esperan obtener la gracia y la compasión de Dios, no la extienden a sus clientes. Para ellos todo es cuestión de dinero y de ganarlo a cualquier precio. Por eso hay tanta bancarrota en nuestro mundo hoy. Dios está pagando a todos por las prácticas que han abrazado y ejecutado.

Hemos pasado por grandes sufrimientos, dolores e injusticias, algunos de los cuales ni siquiera podemos mencionar en este momento. Nosotros ni siquiera podía permitirse un seguro médico. Pero Dios nos ha guardado!

Hemos aprendido a través de nuestro sufrimiento, a confiar sólo en Dios, a ponerlo en primer lugar en todo momento, a amar a nuestra familia, a acatar sus principios, a tener fe, a diezmar, y a sembrar, sembrar, sembrar. Dar, y dar a la causa correcta, es la única acción que nos llevará a elevarnos al lugar de la promesa.

Sabemos ahora, más que nunca, que aunque veamos a los líderes de las mega-iglesias y a los predicadores de la televisión dando elocuentes discursos sobre la prosperidad y el dar, ellos mismos han ignorado las oportunidades que Dios les ha dado para practicar lo que predican. Les imploro a todos que siempre le pidan al Señor que les muestre dónde está la tierra fértil en la que deben sembrar su semilla. No se fijen en el tamaño, la personalidad o la apariencia externa del ministerio, la iglesia o los líderes cuando tomen la decisión de sembrar. Estudia Marcos 4.

En muchas ocasiones pedimos ayuda bajo la instrucción del Señor. Ellos ignoraron nuestros gritos de ayuda. El Señor nos permitió pasar por esto, para que no cometiéramos los mismos errores. Quería que viéramos el estado de la cristiandad y aprendiéramos de sus errores.

Asegúrese de no subestimar, socavar o ignorar a la iglesia local. Ayude al hombre y/o a la mujer de Dios y derrame en sus vidas sembrando y orando por ellos. Puede que no te cuenten todos los detalles de lo que están pasando;

pero tienes que preguntarle al Señor: "*¿En qué puedo ayudar al hombre y/o mujer de Dios y a Tu casa?*".

Recuerda que toda la riqueza pertenece a Dios. Tanto Dios como Satanás están llamando a las naciones a declarar su lealtad. ¿Dónde estás tú? Dios ya ha ganado, ¿te conformarás con lo segundo?

Nunca olvidaremos que en medio de la redacción de este libro, perdimos nuestra casa y a nuestro hijo, Moisés, en el mismo periodo. Fue uno de los períodos más difíciles y dolorosos que hemos tenido. Pero ***nada*** nos separará del amor de nuestro Dios, y en nuestra debilidad se manifiesta su fuerza.

Toda la experiencia también nos enseñó algo valioso. Muchos dirán que estarán a tu lado, pero cuando la adversidad golpea, se alejan.

Dios nos permitió pasar por todo esto para poder usar este libro - esta herramienta - para hacerle saber que, independientemente de la etapa o el estado en que se encuentre - incluso si usted es un ex millonario en bancarrota, ¡todavía puede lograrlo, a través de Dios!

Dios está transfiriendo la riqueza de los malvados ahora (incluyendo a algunos de los suyos que han abusado del favor de Dios y malgastado sus recursos) y la está transfiriendo a los justos. El enfoque -ya sea de la Iglesia, del Gobierno o del Sector Privado- nunca debe ser sólo la infraestructura, sino el desarrollo de los recursos humanos. Cada persona nace con una visión y un propósito. A veces lo único que necesitan es una mano amiga. Muchos están en refugios, hogares y en las calles. Lamentablemente, gastamos más dinero en animales domésticos, drogas y chatarra que en tender la mano a alguien o ayudarle a cumplir su propósito. Incluso gastamos más dinero en investigación cuando toda la información que necesitamos puede se reúnen simplemente saliendo a la calle y conectando con alguien y ayudándole. El Nuevo Millonario es aquel que reconoce eso y está preparado para hacer un esfuerzo adicional para lograrlo.

ÍNDICE DE CONTENIDOS

PRÓLOGO

Un empresario sabio sabe que no puede confiar a los que le rodean el funcionamiento interno de sus operaciones y estrategias secretas hasta que le hayan "declarado su mano" y su lealtad, no hasta que se hayan comprometido con él por completo. Este es un **principio de Dios**. Él es el Empresario original, y por lo tanto, si deseamos cosechar los beneficios de Sus bendiciones en cualquier área de nuestras vidas para poder convertirnos en un Nuevo Millonario, ¡sólo puede venir realmente cuando primero hacemos un compromiso genuino y declaramos nuestra lealtad a Él!

Este libro revela cómo la Palabra de Dios puede aplicarse a los negocios y a los asuntos de las naciones. Explica al hombre común, al ejecutivo de negocios y a los funcionarios gubernamentales sus diversas responsabilidades hacia Dios, el Reino de Dios, la Casa de Dios y el pueblo de Dios que sirve en Su casa.

Hay muchos hombres de negocios, líderes nacionales y líderes de cualquier otro nivel que, aunque buscan aportar soluciones para que ellos mismos, sus organizaciones e incluso la nación tengan más éxito, no consiguen un éxito duradero; y pierden a sus familias y su riqueza en el proceso.

La Iglesia en todo el mundo está sintiendo las punzadas de la hambruna, y muchos líderes eclesiásticos han recurrido a otros trabajos para complementar su existencia básica. Esto, a su vez, divide su atención y disminuye su eficacia en el ministerio, alejándolos finalmente de su vocación. Como resultado, el resto del mundo siente los efectos de la "iglesia a tiempo parcial".

Este libro también muestra claramente cómo la aplicación de los principios de Dios a cada aspecto de nuestra existencia, y la inversión en el Reino de Dios no sólo puede traer grandes éxitos, numerosas victorias y la unidad dentro de la familia, e incluso a nivel nacional; sino que también nos llevará a una relación más estrecha y correcta con Dios - ¡el Dios Verdadero y Viviente!

La estación ha cambiado y la riqueza y los recursos están cambiando! La transferencia de riqueza a los fieles en el Cuerpo de Cristo está a punto de manifestarse, y para recibirla y mantenerla, todos debemos acatar los Principios Bíblicos. Debemos estar listos para adquirir la verdadera riqueza que Dios desea liberar!

¡La batalla ha comenzado! Que comience la transferencia!

Pastor Michelle Lyston
Restoration World Outreach Ministries Inc.

PREFACIO

Este libro fue escrito para no creyentes y creyentes en Jesucristo, para abrir sus ojos a la verdad. También fue escrito como una guía para los individuos, las empresas y las naciones que desean tener las soluciones reales a los problemas que enfrentan por el empleo de los principios bíblicos a las transacciones diarias y como resultado convertirse en el Nuevo Millonario.

Mientras el mundo se hunde en las tinieblas, sobre todo en el Comercio y la Moralidad, no es, ni puede volver a ser, lo de siempre.

Muchos economistas, estrategas financieros y políticos han tratado de proponer diversas soluciones para los problemas que afectan a las naciones, pero sin éxito. El hecho es que todos deben darse cuenta de que Dios está a cargo de sus finanzas y de las economías nacionales. Él es quien da el poder para obtener la riqueza - Deuteronomio 8: 18

Este libro le enseñará a salir de las deudas usando los principios bíblicos, y también cómo obtener un aumento y un avance, particularmente durante la hambruna/recesión. Trata del propósito del Espíritu Santo en los Negocios, y en las vidas de los individuos y las naciones. También fue escrito para ayudarle a entender cómo convertir sus errores en su plataforma para la riqueza.

Además de esto, este libro le ayuda a descubrir y exponer las prácticas impías de los acreedores y prestamistas.

Al leer este libro, te edificará y fortalecerá tus bases para ayudarte a convertirte en ***El Nuevo Millonario!***

INTRODUCCIÓN

El Nuevo Millonario es un libro inspirado en el más grande CEO que jamás haya existido -Jesucristo- con el fin de enseñarle cómo aprovechar las cosas de Dios para obtener riqueza y mantenerla también. Muchas personas están pasando por grandes problemas económicos y financieros; ¡muchas empresas se están fusionando y algunas se están declarando en bancarrota! Hay serias situaciones financieras y de hambruna que se enfrentan ahora!

Hemos visto y seguimos viendo muchos clubes y asociaciones que se están formando, y están cobrando miles de dólares por las membresías para enseñarte a ser millonario, pero tenemos que hacer una pregunta: ***"¿Ayuda? La*** respuesta es "*NO*". Aquellos que antes ganaban millones ya no lo hacen, así que dicen: "*Vamos a crear un paquete de cursos - un programa de* ***"Cómo hacerse rico"*** *- dándole un nombre pegadizo*", todo en un esfuerzo por compensar el déficit en el que incurrieron en el negocio regular. Ellos ponen estos programas juntos bajo el pretexto de tratar de ayudarle a adquirir riqueza sobre la base de su éxito y el conocimiento que han adquirido sobre lo que está sucediendo en el mercado!

Lo que ocurre es que Dios es siempre el mayor accionista de toda organización, pero ha sido descuidado por el hombre en los negocios.

El accionista mayoritario está ahora evaluando y dándole su puntuación de evaluación ¿cuál es su puntuación? Si está por debajo de la satisfacción, tiene problemas.

Como un hombre de negocios/empresaria en estos Tiempos Finales usted debe mirar lo siguiente:

- ¿Qué papel juega Dios en su organización?
- Analiza bien los métodos que utilizas para conseguir tu riqueza
- ¿Pagas los diezmos y siembras la semilla?
- ¿Estoy ayudando a los pobres y utilizando mis recursos e influencia en la comunidad empresarial para ayudar a los demás?
- Para ser un Nuevo Millonario uno debe aprender sobre los Principios Bíblicos, no se puede ser rico y mantenerlo sin tomar instrucciones para la fuente que libera las bendiciones.

Tratar de entender un mercado que no está realmente controlado por fuerzas terrenales es una locura. Dios está en control de los mercados mundiales, no el hombre, y Él no depende del estado del mercado para bendecirte. Dios no está influenciado por ninguna limitación terrenal. Él controla los tiempos y las estaciones - ¡Él cambia los tiempos y las estaciones!

Dios quiere que primero obtengas conocimiento de Él, según Mateo 6: 33; entonces te concederá los deseos de tu corazón.

Gastar $6000 para aprender principios hechos por el hombre y prácticamente nada más no le ayudará a invertir en el reino y a recibir sabiduría para obtener y mantener la riqueza. Sólo los principios bíblicos le ayudarán a conseguir y mantener tal éxito!

A la luz de todo esto, ¡bienvenido a tu primer paso para convertirte en un ***Nuevo Millonario!***

Capítulo 1

HACER UN NUEVO MOVIMIENTO

El mundo ha entrado en una era de incertidumbre a dos niveles -global y local-, especialmente en el ámbito del desarrollo económico. Se ha producido un cambio de paradigma que, en última instancia, afectará a las personas, las naciones y las empresas y a su forma de operar, y eso incluye a su empresa o nación.

En los últimos años se han visto varias catástrofes naturales que han afectado a varias naciones -huracanes en Norteamérica y el Caribe; terremotos, inundaciones, tifones, un tsunami en Asia-, todo lo cual ha tenido y sigue teniendo graves efectos negativos en la economía mundial y especialmente en nuestras propias empresas locales, grandes y pequeñas. La inestabilidad monetaria internacional continúa, la delincuencia sigue aumentando, además de innumerables problemas.

Por lo tanto, es necesario que usted y su organización vuelvan a centrarse en un esfuerzo por permanecer o tener más éxito.

Ahora necesitas a los Apóstoles y Profetas que tienen una unción gubernamental, los dones de Nehemías que reconstruyeron la estabilidad económica de una nación; y también la unción de José y Daniel que ofrecieron soluciones a los reyes. Ellos tienen la perspicacia profética para ver lo que se avecina y lo que es necesario para lidiar con los problemas que surgirán.

Economía bíblica

En pocas palabras, la "*economía bíblica*" es "*el empleo de estrategias y directrices económicas obtenidas a través de la revelación divina de la Palabra escrita*". *Se* ocupa de todos los aspectos de los negocios, incluyendo el marketing, las finanzas y la inversión, los recursos humanos y la formación, la producción, las ventas, la moral del personal e incluso la seguridad.

Como resultado, usted y su organización se convertirán en los beneficiarios del crecimiento; el aumento de los beneficios, y su Consejo de Administración y los Accionistas se alegrarán de los resultados positivos.

Es importante que sepa que en esta época, la Previsión de Ventas, la Planificación Estratégica y las Proyecciones ya no funcionarán tal cual. NO son negocios como siempre. Tales herramientas y actividades sólo funcionarán si son inspiradas divinamente, porque el "*período de gracia*" ha terminado. Ahora debes volver a los principios básicos de la Palabra de Dios para ayudarte a ser exitoso y crecer de fuerza en fuerza. La Economía Bíblica te enseña cómo y cuándo invertir, incluso en tiempos de hambruna y desastre.

Su organización tiene el potencial de ser una de las fuerzas más poderosas no sólo en su sector, sino también en la economía mundial. El potencial de ganancias es grande y el posible impacto que puede tener en las vidas y la calidad de vida de los pueblos de estas naciones es infinito.

Por lo tanto, ante la adversa situación económica, financiera y espiritual del mundo, y su capacidad de hacer o deshacer la sociedad, ¿qué ha hecho su organización para mejorar la calidad de vida de la nación?

No es demasiado tarde para hacer un cambio.

Qué hacer - Lo que Dios quiere que hagas

Las tornas están cambiando y es imperativo que, como actor de esta economía, tome la decisión de hacer cambios serios y drásticos en un esfuerzo por mantenerse a la cabeza, y construir la nación frente a la adversidad.

Hay numerosas cosas que Dios quiere que hagas y que pueden revolucionar todo el sector empresarial donde quiera que estés!

- Utiliza a los auténticos Apóstoles y Profetas de Dios como Asesores en tu negocio/empresa
- Tenga devociones diarias en su compañía
- Asegúrese de que su empresa paga los diezmos
- Asegúrese de pagar los diezmos
- No fomente ni permita que usted o su empresa formen parte de la brujería
- Emplear prácticas comerciales justas en todo momento; no oprimir a los pobres, a los huérfanos y a las viudas

- Ayudar a publicitar los eventos de la Iglesia

- Patrocinar eventos que lleven la sanidad divina a una nación

- Dejar de patrocinar espectáculos que promuevan la inmoralidad sexual, las sectas y otras religiones

- Dejar de promover la desnudez como proyectos de ayuda a los pobres

- Ofrecer tarifas reducidas a las iglesias y organizaciones cristianas

- Done sus muebles usados a las iglesias, especialmente a las más pequeñas o jóvenes

- Financiar visiones! Muchas personas tienen una visión, pero no saben cómo ponerla en marcha: ideas que pueden aportar soluciones a su empresa y a la nación

- Considerar la posibilidad de emplear a cristianos o invertir en su formación

- Patrocinar seminarios y conferencias empresariales sobre delincuencia, violencia, capacitación humana, espíritu empresarial y desarrollo de pequeñas empresas.

- Colaborar en la creación de sociedades de publicación para ayudar a esta generación de jóvenes escritores.

La conclusión es simplemente esta: ¡haz los negocios a la manera de Dios! Para cosechar un éxito continuo, ¡debes buscar ser parte del Movimiento Profético de Dios!

Este nuevo movimiento

Este nuevo movimiento -nueva aventura- aumentará la publicidad y el marketing de la empresa.

Si este nuevo movimiento no se lleva a cabo, entonces:

- La extorsión aumentará y se extenderá por toda la nación
- La delincuencia y la violencia se dispararán
- Las visiones no se presentarán
- La pérdida de beneficios para su industria/sector será grande
- La pérdida de puestos de trabajo se disparará, y
- Las ventas disminuirán drásticamente

Ahora debe buscar tener pastores y consejeros cristianos calificados, todos llenos del Espíritu Santo, para que sean capellanes dentro de su organización. Los psiquiatras no saben o se niegan a reconocer la verdad sobre estos asuntos y muchos de ellos están involucrados en las mismas cosas de las que usted estaría tratando de desvincularse.

Tendrá que cesar la participación de su organización en cultos y actividades sectarias.

Al incluir o involucrar a los Profetas de Dios como consejeros de la nación - Dios haría y permitiría cosas poderosas con respecto a usted y su organización. Estas son algunas de las cosas que Dios causaría que ocurrieran si estas fueran implementadas:

- El personal ungido con visiones e ideas dadas por Dios se presentaría
- Se produciría un aumento sustancial y significativo de la cuota de mercado e incluso de la satisfacción de los clientes.
- Habría un flujo de caja positivo
- El éxito sería continuo

Otras sugerencias

Las cosas del mundo afectan a la gente -la deuda, la avaricia, el poder, el amor a las posesiones materiales y los lujos, las relaciones rotas, el amor al dinero, la lujuria sexual y las inmoralidades- y la gente necesita soluciones que no la destruyan. Ustedes tienen una responsabilidad con la juventud de la nación, y también tienen un papel que desempeñar en la promoción de soluciones antes de que sea demasiado tarde.

- Por ejemplo, en los programas y anuncios publicitarios que tienen altas connotaciones sexuales o descaradas payasadas sexuales, brujería y pecado.

- Muchas empresas se adentran en el reino demoníaco y esto tiene que acabar.

¿Qué hace una persona con las soluciones dadas por Dios para la nación? ¿Qué papel puede desempeñar?

Si desea formar parte de este nuevo movimiento, deje que Lyston Consultancy le ayude a alcanzar el éxito que Dios quiere que consiga, ¡de la manera que Él le ordenó! Dios nunca falla, y con Él, ¡tampoco lo hará tu negocio!

Capítulo 2

ECONOMÍA BÍBLICA BÁSICA

Es importante que todos sepamos que la Biblia es el manual definitivo para la vida y que contiene una gran cantidad de información sobre todos los temas de la vida. Al leer este libro, ¡puedes darte cuenta o no de que está lleno de soluciones y tesoros ocultos! Es un activo valioso que puede ayudar a cada persona, a cada organización o a cualquier nación, a vivir y ser próspero, saludable, rico y sabio!

En una nota más profunda, la "*Economía Bíblica*" es "*el estudio de cómo utilizar los recursos limitados para satisfacer las necesidades y deseos ilimitados que surgen como resultado de la existencia humana, mediante la aplicación de los Principios Bíblicos y la Revelación Divina.*"

Intrínseco en la aplicación de la Economía Bíblica a la vida diaria es la importancia de reconocer varias cosas que debes hacer.

- Obedece a Deuteronomio 15 en lo que respecta a la condonación de deudas. *El versículo 6 nos dice: "...prestarás a muchas naciones, pero no tomarás prestado; reinarás sobre muchas naciones, pero ellas no reinarán sobre ti".*

- Siembra mucho, sobre todo en el octavo (8º) año, y come los productos viejos hasta el noveno año, hasta que lleguen sus productos, comerás de la cosecha vieja. Levítico 25: 22

- Conozca los principios al prestar a los pobres. Levítico 25: 35 - 38

- Dar más del diez por ciento (10 %) requerido. No hay nada malo en dar más del diez (10) por ciento; puedes dar más según la bendición del Señor. Deuteronomio 16: 17.

Recuerda siempre que todas las cosas son controladas por Dios, ¡incluidas tus riquezas! Todo en el cielo y en la tierra es suyo. Él es el Jefe de todo; Él es tu banquero. Él te dice qué hacer con tu dinero, ¡porque tu dinero es de Él! Tú sólo eres el distribuidor; ¡es para Él y todas las riquezas y el honor vienen de Dios!

Según I Crónicas 29: 17 sabed que Dios os pondrá a prueba para ver si dais para construir su templo.

Economía bíblica sobre la pobreza

Ninguna nación puede lidiar eficazmente con la pobreza si no aplica los principios bíblicos. Efesios 6: 10 - 13 revelan que aquello contra lo que se lucha no es físico sino espiritual. Según 2 Corintios 10, también es una fortaleza. Por lo tanto, es seguro concluir que la pobreza no es solo una fortaleza en la vida de muchos, sino también de naturaleza espiritual. No se puede tratar un problema espiritual con métodos naturales. Para tratar con la pobreza, primero debes tratar con el fundamento de la pobreza. Jesús siempre enseñó a su pueblo los principios bíblicos para tratar con la pobreza. El revela que el Pecado es la causa principal, y esto incluye:

- Robar a Dios los diezmos
- Brujería
- Idolatría (servir a otros dioses)
- Buscar otras fuentes en lugar de buscar a Dios primero (Mateo 6:33)
- Restaurar los fundamentos familiares (Malaquías 4: 5 - 6)
- Justicia para todos
- Tratar los tipos de interés a nivel nacional
- La incapacidad de las empresas para cumplir con los principios bíblicos para convertir una nación

La economía de una nación debe ser construida sobre los principios de Dios, no sobre los del hombre. Además de esto, las dádivas de varias naciones, atan a la nación en la deuda y causan que los valiosos recursos y activos de la nación sean regalados a los extranjeros.

Los que manejan las finanzas de la nación deben ser santos. Su vida debe estar en línea con los principios bíblicos. (Mira Tito 1: 6 - 9)

Dios utiliza I Timoteo 3: 13 como el criterio principal para juzgar a todos los líderes de y dentro de las naciones, ya sean seculares o espirituales. Esta Escritura da el principal requisito calificativo y sobresaliente que deben tener los que dirigen. El pueblo de Dios debe presentarse a los cargos. Todas las cualidades necesarias para el liderazgo están en la Escritura. Estas cualidades traerán el cambio a una nación.

Nehemías 5 también describe lo que los líderes estaban haciendo para causar pobreza en una nación. Dios quiere líderes que sean ungidos con Su Espíritu para traer la reforma a una nación; sólo aquellos con Su Espíritu - ningún otro espíritu. No hay manera de que la humanidad pueda tratar con la economía de una nación si Dios es dejado fuera del cuadro. Si tú haces eso, Él también te lo hará a ti. Dios es el que da el aumento y el crecimiento en una nación. Ningún crecimiento real puede ocurrir a menos que Dios esté involucrado. Si hay crecimiento y Dios no está involucrado, va a fracasar y será desarraigado por Dios. Sólo lo que se construye sobre Principios Bíblicos puede permanecer.

Los primeros pasos para hacer frente a la mala economía de un país son los siguientes:

- Pregunta al Señor
- Aplicar la instrucción dada
- Comprobar todos los problemas fundacionales del pasado, por ejemplo, las cosas que han hecho los dirigentes y a las que hay que renunciar
- Determinar qué espíritus tienen derecho legal

- Romper los votos o tratos que se han hecho con los espíritus ancestrales

Habiendo hablado antes de la importancia de los símbolos, los colores y los signos, es importante reconocer que estas cosas también afectan a una nación. Afectan las finanzas y la economía de la nación. Por ejemplo, los símbolos de Leviatán (Job 41; Salmo 74: 9 - 17), que es el caimán o la serpiente, en cualquier cosa que pertenezca o esté asignada al nación, afecta negativamente el comercio y las finanzas de la nación. Además de esto, Ezequiel 28 - 29 hablan de los símbolos que afectan al comercio:

- El nivel de riqueza de los ricos frente al nivel de gasto y deuda de los pobres

- Hasta qué punto el orgullo se ha apoderado de la nación, de sus dirigentes y de su gente

Date cuenta de que cuando el orgullo se ha apoderado de ti, la gente empieza a verse como dioses en los negocios y en la nación. Prepárate, porque Dios está a punto de tratar este asunto!

Nadie escucha a los pobres

El Eclesiastés 9: 15-16 dice: "Se encontró en ella un pobre sabio, que con su sabiduría liberó a la ciudad. Sin embargo, nadie se acordó de ese pobre hombre. La sabiduría es mejor que la fuerza. Sin embargo, la sabiduría del pobre es despreciada, y sus palabras no son escuchadas".

La riqueza llama la atención. El dinero habla y la gente escucha. Independientemente de lo buena que sea la idea de cambiar y salvar vidas, nadie te escucha cuando eres pobre. Cuando un hombre rico habla, aunque sea una tontería, los medios de comunicación, el gobierno... todo el mundo le presta atención.

Cuando eres pobre, nadie te escucha ni toma en serio tu palabra.

Como he dicho muchas veces, no importa cuán sabio y ungido seas, si eres pobre, ningún hombre recuerde usted. Por eso los cristianos no deben permitir que nadie ni ninguna circunstancia les impida perseguir la riqueza, pero de la manera correcta.

Los cristianos y la riqueza

Muchas veces, la gente pinta una imagen de que los cristianos no deben ser ricos, ni deben buscar la riqueza en absoluto. Pero 2 Corintios 8:9 nos dice que Jesús se hizo pobre para que nos enriqueciéramos; y eso puede ser tanto espiritual como materialmente. Cuando tenemos riqueza, podemos ejecutar los planes que Dios nos ha dado, realizar visiones, involucrarnos en la política representativa, sin donantes que tengan una agenda diferente. Podemos proponer soluciones reales que beneficien a todos. Además, cuando tengamos riqueza, la gente se lo pensará dos veces antes de intentar hacerse un nombre ridiculizando a los cristianos. Cuando tenemos riqueza, podemos sentarnos en la mesa de decisiones y hacer cambios reales y un gran impacto. Cuando tenemos riqueza podemos financiar nuestras propias campañas.

Hay muchos, que por desgracia se encuentran entre los pobres, que de hecho están sentados sobre el oro y los diamantes, soluciones que pueden aportar un cambio positivo y duradero. Pero teniendo todo esto sin los recursos tangibles para ejecutar las ideas a mostrar.

Por ejemplo, si decimos que tenemos fe pero no podemos mostrar la manifestación de la riqueza, entonces nadie te tomará en serio ni querrá darte cierto acceso. Cuando alguien es rico, se le da cierto acceso y oportunidades a las que los pobres no tienen acceso. El rico no tiene que unirse a la fila o pasar por ciertos

"burocracia". Su dinero es su contraseña. Los ricos no tienen que pasar por el rígido control que hacen los demás, ni están sujetos a ciertas leyes que también rigen para todos.

Los problemas de inmigración no afectan a los ricos como a los pobres. La mayoría de los países ofrecen la ciudadanía a los ricos. En este mundo, el dinero habla y nada más importa. Cuando un rico habla, se le respeta, aunque diga tonterías.

Muchas veces, los pobres maldicen a los ricos por ser ricos, pero los pobres siempre deben hacer el esfuerzo de aprender ciertos principios de los ricos. Los ricos han aprendido, en cierta medida, a convertir los problemas en beneficios. Los ricos permanecen en compañía de sus iguales y se apoyan mutuamente. Les garantizo que verán a más ricos en primera línea porque están asumiendo sin reparos posiciones globales. Por eso es necesario que más pobres se hagan ricos para que ellos también ocupen su lugar y aporten soluciones.

Hay ciertos principios fundamentales que los pobres deben adoptar. Por ejemplo, necesitan:

- ✓ Únase a las cámaras de comercio;
- ✓ Reduce el consumo de comida rápida y gasta con prudencia;
- ✓ Establezca metas y objetivos a largo plazo;
- ✓ Comenzar el voluntariado y trabajar para los ricos; y
- ✓ Antes de maldecirlos, reza por ellos y recibirás el favor divino.

Deja de centrarte en lo que no tienes y empieza a centrarte en lo que sí tienes. Dios ya te ha dado dones y talentos que pueden hacerte rico. Usted puede pensar es pequeño e insignificante, pero nada es tan pequeño que no pueda crear un futuro para nosotros. Si Dios lo permitió para Bill Gates, Warren Buffett, la familia Matalon, la familia Issa y Michael Lee-Chin, ¡entonces también puede hacerlo para ti!

Ha llegado el momento de que montes un negocio, crees puestos de trabajo para otros y contribuyas a la economía del país y a la vida de los demás.

Así que, recuerda, si la Escritura dice que nadie te aceptará, ni tus decisiones ni tu intelecto cuando seas pobre, entonces es hora de hacerse rico.

Economía bíblica sobre las donaciones

A lo largo de la Biblia, se pueden encontrar numerosos ejemplos relacionados con el dar a Dios; y muchos de los hombres de Dios -David, Elías, Abraham- probaron a Dios en su dar y ¡tomaron como un gran placer el dar a Dios!

Dar una semilla de 10.000 dólares para construir el templo de Dios traerá una gran bendición en tu vida. David dio tres (3) mil talentos de oro y siete (7) mil talentos de plata totalizando diez (10) mil talentos para construir.

Las únicas razones por las que Dios da la riqueza y las riquezas son para:

- Construir su reino
- Financiar a los pobres, a los huérfanos y a las viudas

Una vez que obedezcas nunca estarás en la ruina!

Dios da recursos para que el hombre los administre, y utiliza al hombre como administrador de sus recursos en la tierra. Todos los recursos pertenecen a Dios y Él se ocupará de cualquier mala administración de Sus recursos. Por ejemplo, los ministros del gobierno, los líderes de la Iglesia, los negocios y los individuos, Dios los hará responsables. Él los hace responsables porque le dio al hombre el dominio sobre las cosas de la tierra. El puso al hombre como mayordomo en la tierra y por eso el hombre es responsable de los problemas de la tierra.

Dios siempre está dispuesto a utilizarte como agente si estás dispuesto a buscar su sabiduría para administrar sus recursos.

Para ser millonario, debes entender los tiempos y las estaciones según el Eclesiastés 3. Si bien no debes dedicarte a la numerología, ¡debes reconocer que los números tienen un gran significado para Dios!

El número diez (10), por ejemplo, desde el punto de vista bíblico, significa "*probar*". Es el número de la economía divina y de los diversos elementos de la misma: el eterno mandato de Dios. La Ley del Diezmo es un mandato. El diez (10) representa el diezmo.

Los números son muy importantes para Dios, especialmente en lo que respecta a la siembra. Aprenda sobre los números y lo que significan bíblicamente.

Ten siempre presente que Dios enviará la lluvia para tu semilla. Siembra en la tierra y el alimento que viene del Señor será rico y abundante. Según Isaías 30: 23, "*Entonces dará la lluvia para tu semilla, con la que siembras la tierra, y el pan del crecimiento de la tierra; será gordo y abundante. En ese día tu ganado se alimentará en grandes pastos*".

Es muy interesante que las naciones siempre aumentan los impuestos, que se convierten en una carga para el pueblo, mientras que ignoran el Diezmo, que traería una gran bendición a las naciones; también permitiría una reducción de los impuestos aumentados (que se imponen al pueblo) que se pusieron en marcha para hacer frente a la escasez económica. Como millonario debes vigilar siempre esta área y no cometer los mismos errores! (Lea Nehemías 13: 12 - 13)

Según 1 Corintios 16: 2, Pablo dice,

"*El primer día de la semana, que cada uno de vosotros aparte algo, almacenando como pueda prosperar, para que no haya colectas cuando yo venga*".

Sencillamente, a medida que una persona prospera debe aumentar sus donaciones en consecuencia. Sepa que cuanto más prospere, más dará y cuanto más dé, más le dará Dios.

Según 2 Corintios 9: 6 - 7, ¡la medida con la que sembréis es la medida con la que cosecharéis! Si siembras sin límite, recibirás sin límite. Si te reprimes con Dios, Dios te reprimirá a ti. Cualquiera que sea el rendimiento que busques, esa es la medida en la que debes dar.

Las Escrituras afirman que Dios ama al dador alegre, y su amor traerá un gran favor. Dios quiere dar a su pueblo una bonanza divina; es decir, una fuente de riqueza y prosperidad, una gran producción o una mina, buena suerte.

Como millonario, ayude siempre a un Apóstol o Profeta o a cualquier hombre o mujer de Dios a cumplir el mandato de Dios. Que nadie le diga que no lo haga, porque hay una gran bendición por hacer precisamente eso. En I Corintios 9, Pablo esbozó lo que tenía derecho a recibir. Hay tres (3) fuentes de las que recibiría su apoyo financiero. La sociedad dicta que aquellos que prestan un servicio, como un soldado, un agricultor o un pastor, deben recibir una remuneración. Los principios se aplican incluso a los animales de trabajo, como el buey que pisa el grano.

En I Corintios 9: 14, el Señor ordena que los que predican el evangelio deben ser apoyados. Lee Mateo 10: 10; Romanos 10: 15.

El Libro de 2 Timoteo 2: 6, el agricultor trabajador debe ser el primero en participar de la cosecha. Pero primero debe arar la tierra, antes de recoger la cosecha. Pero si lo hace no recibirá la recompensa de una cosecha abundante. El trabajador, laborioso, será recompensado.

Los millonarios no deberían de ninguna manera patrocinar actividades que impliquen perversión de ningún tipo. Esto traerá una maldición a su organización. Cualquier cosa que usted use su riqueza para apoyar, que sea anti-Cristo, o de cualquier manera opuesta a los caminos y principios de Dios, será contraproducente para usted y su organización. Asegúrese de que usted:

- Pagar los diezmos
- Obedecer las tres (3) fiestas
- Sembrar regularmente para construir el reino
- Ayuda a los pobres, a los huérfanos y a las viudas

Como millonario, debes tener en cuenta la premisa de Lucas 12: 13 - 21 y Proverbios 11: 28. No dejes que las riquezas y las bendiciones de Dios te hagan perder tu salvación. Muchos se ven obstaculizados por esta codicia. Tu mente debe estar enfocada en las cosas de Dios primero.

Lucas 12: 13 - 21 hablan de un hombre rico - considerado el 'rico tonto'. El verso 16 de esta Escritura te dice que su tierra '*produjo abundantemente*' y esto significa que hizo una gran ganancia. La Escritura dice además que la estructura actual de su organización no podía hacer frente al crecimiento masivo. Por lo tanto, debido a las bendiciones de Dios, hubo necesidad de expansión. Sin embargo, con la expansión masiva, ¡no hubo expansión hacia Dios! No estaba tranquilo debido a la gran riqueza; no se hizo ninguna provisión para su alma; no se guardó ningún tesoro en el cielo, ¡y Dios vio este acto como una tontería!

Al leer el versículo 20, reconoce que Dios es el que controla la vida. Si la muerte viene, vendrá porque no se le ha dado honor a Dios, ni el hombre ha tenido en cuenta la acumulación de tesoros en el cielo.

Este hombre rico se estaba expandiendo en lo natural, pero estaba muriendo espiritualmente. Dios quiere tanto la expansión espiritual como la natural con respecto a la riqueza. Dios quiere que usted sea rico en ambos sentidos, y el verso 21 establece claramente lo que Dios quiere decir.

En Lucas 12: 22 - 34 Dios está diciendo que no debes preocuparte por la comida y la ropa. La vida es más que eso. El Los cuervos no siembran ni cosechan; no tienen almacenes ni graneros: ¡Dios los alimenta! Cuánto más valor le da Él a usted que a las aves.

Dios no quiere que te preocupes por las cosas del mundo! Pero en cambio, Él quiere que busques el reino de Dios y todas estas cosas serán añadidas - ¡incluyendo la riqueza!

Verso 33, Dios dice que los ricos deben vender y dar - sembrar - ¡buscar primero las cosas del reino! Dar con sacrificio para las necesidades de otros te asegura el tesoro que nunca se puede perder.

La semilla del "hombre rico

Esta semilla se puede sembrar de la siguiente manera:

Mateo 12: 1 - 33- $12,133.00; $1,233.00; $12.33; $33.00

Tengan en cuenta que el número 12 de Nehemías habla del Gobierno y del Gobierno Apostólico. Es el número de la Alianza de Dios. El '*Uno*' (1) es el número que representa el '*poder y la autoridad*'. *Doce*' (12) es el número de las '*criaturas naturales que tienen el poder espiritual en sus manos*'. *Es el número del gobierno.* '

Por qué preocuparse cuando se puede dar con sacrificio. El cuervo no puede ni sembrar ni cosechar y aun así Dios lo alimenta. Tú eres más valioso y tienes el honor y el privilegio de sembrar y cosechar. No hay nada malo en vender y sembrar. Siembra en el reino y acumula tesoros.

Por esta semilla de $12.33 Dios también te dará cosas para vender que puedes sembrar - bolsas de dinero, nuevas inversiones, nuevos negocios, nuevos planes - el dinero siempre estará fluyendo. No hay negocios viejos!

Una inversión en el cielo significa que nada puede tocarla; y esa inversión no puede fallar. Otras inversiones pueden fallar, ¡pero no esta inversión! También significa que ningún ladrón puede acercarse a tu inversión - ¡está totalmente protegida! Ni siquiera una mala economía y el

intelecto pueden afectar su inversión - ¡nadie puede darle una orden de cese y desistimiento a su inversión celestial!

El número tres (3) es el número de la Divinidad; el número de la invencibilidad. Génesis 1: 9, 11 y 13 Conformar, obedecer, imitar, semejanza.

Treinta (30) - sacerdote, madurez, servicio - Números 4: 3; 2 Samuel 5: 4; Lucas 3: 23

Lucas 16: 19 - 31 Como amantes del dinero, los fariseos consideraban la riqueza como un signo de la bendición de Dios, y miraban la pobreza como un signo de su juicio. Jesús enseña que las posesiones materiales son un fideicomiso de Dios para ser usadas responsablemente para Dios. Dios llama a los ricos a arrepentirse y a ayudar a los demás con su dinero. *Dives*" significa en latín "*hombre rico*".

Proverbios 8: 17 - 21 te dice los beneficios por amar a Dios y buscarlo.

- Dios ama a los que le aman
- Aquellos que lo buscan diligentemente lo encontrarán
- La riqueza y el honor están con Dios
- Riqueza y justicia duraderas
- Fruta que es mejor que el oro, el oro fino. (La fruta trae la cosecha, diferentes tipos de cosechas)
- Los ingresos son más valiosos que la plata de la elección

A los que aman a Dios, Él les hará heredar la riqueza. Él llenará sus tesoros.

- Proverbios 9: 10 - 11 hablan de los beneficios de temer a Dios. Los versos hablan de recibir sabiduría, conocimiento y entendimiento.

- En Proverbios 10: 27, se declara que se te añadirá larga vida.

- Proverbios 3: 2 también habla de la paz que será añadida, Dios es la paz y Él da la paz.

- Proverbios 8: 10 - 11 te hace saber que recibir las instrucciones de Dios es mejor que los rubíes, y todas las cosas que una persona puede desear, no se pueden comparar.

- Proverbios 11: 24 - 26 afirman que la generosidad prospera a la persona.

- Proverbios 13: 11 declara que la riqueza obtenida por medios deshonestos disminuirá; pero que el que recoge con trabajo aumentará.

Los millonarios, los sabios y los gobernantes no pueden adorar a Dios sin una semilla. Al mirar Lucas 2: 11, verás que cuando los sabios vinieron a ver a Jesús está claro que entendieron los Principios de la Semilla y la Ley del Intercambio. Necesitaban una bendición, así que le presentaron sus regalos: oro, incienso y mirra. (Lee también el Salmo 71: 10 -11)

En Isaías 60: 6 - 7, Dios está bendiciendo a Sión para Su propósito, y está usando a los no salvos para bendecir a Sión. Igualmente, Dios está levantando millonarios que construirán Su templo; ¡sólo aquellos que darán sin reservas serán promovidos en esta temporada! Es el deber de los gentiles bendecir a Sión. La riqueza es para construir el templo de Dios.

En Esdras 1: 5 - 11, Dios incitó a su pueblo a construir su casa. Todos los que los rodeaban los alentaron con artículos de plata, oro, bienes y ganado, y con cosas preciosas además de todo lo que se ofreció voluntariamente para construir la casa de Dios.

Isaías 60: 12 revela que cualquier nación o reino que se niegue a servir a Sión, que es la ciudad de Dios, ¡se arruinará por completo! Tienes que dar parte de tu dinero para construir la casa de Dios.

Lo que deben reconocer como millonarios es que este tipo de donaciones es parte de la adoración. Lo que significa es que todos aquellos ricos, adinerados y sabios que se niegan a dar a la obra de Dios, van a quedar en bancarrota en el tiempo del fin!

Isaías 60 es la Escritura para las naciones y los millonarios - para cualquier nación o individuo que:

- Paga los diezmos
- Adora al Dios vivo y verdadero
- Adora a Dios con sus recompensas
- Se atiene a los principios bíblicos en todas sus actividades

Mira las promesas del Señor.

En el verso 17:

"*En lugar de bronce traeré oro, en lugar de hierro traeré plata, en lugar de madera, bronce y en lugar de piedras, hierro. También haré que tus funcionarios tengan paz, y tus magistrados justicia*".

En el verso 18:

"*Ya no se oirá la violencia en tu tierra, ni el derroche ni la destrucción dentro de tus fronteras; sino que llamarás a tus muros Salvación y a tus puertas Alabanza*".

En Isaías 60, cuando la gloria del Señor se levanta sobre ti, hay grandes bendiciones que recibir. Cuando la gloria está sobre tu vida, la gloria traerá gran riqueza, poder y brillo. La presencia de Dios a través del poder del Espíritu Santo te dará gracia y favor. También es una señal de Su placer y aceptación de la ofrenda y alabanza. La palabra hebrea para la "*gloria*", es "*chabod*". Cuando el arca del Señor, que lleva la presencia del Señor, estuvo en la casa de Obed-Edom durante tres (3) meses, Dios lo bendijo a él y a su familia. Así que no sólo él fue bendecido, sino que todos los miembros de su familia fueron bendecidos también.

Los millonarios, los VIP, los sabios deben permitir que la presencia de Dios esté en su casa. Una vez que ellos entretienen Su presencia, todas las bendiciones vendrán sobre su casa. Cuando la gloria esté sobre ti, incluso cuando la oscuridad cubra la tierra a través de problemas económicos, desastres en la gente y demás, el Señor se levantará sobre ti, Su gloria se verá sobre ti. Los gentiles vendrán a tu luz y las oportunidades llegarán a tu casa. Más hijos e hijas serán enseñados por ti y amamantados a tu lado. La gloria y la riqueza terrenal también aumentarán en cada área de tu vida.

El Salmo 73: 20, el Deuteronomio 4: 15 - 40 y el Éxodo 20: 4 - 5, le hacen saber que como millonario no debe tener ninguna imagen en sus casas o lugares de trabajo - ya sea gubernamental o privado. Es idolatría!

Si hay imágenes o estatuas de cualquier forma, ya sean masculinas, femeninas, de animales o de ángeles, sepa que Dios es un Dios celoso. Para seguir siendo rico, debes obedecer las instrucciones de Dios. Muchas personas tienen todo tipo de imágenes - ¡incluyendo imágenes de Jesús en la cruz! Aunque debes recordar su sacrificio en la cruz, ¡es más importante recordar que Cristo ya no está en la cruz! Este es el símbolo de esperanza que debes abrazar - ¡Él ha resucitado!

Puedes tener imágenes como obras de arte, colecciones de varios países. Tu lugar de trabajo y tu casa deben estar limpios de estas cosas para que el Señor pueda habitar en tu entorno. Mucha gente tiene cenizas de parientes muertos en su casa - automáticamente está convirtiendo su lugar en un cementerio. Esto obstaculizará tu prosperidad.

Como advierte el Salmo 73: 28, los millonarios deben poner su confianza en Dios, acercarse a él, para que Dios declare todas tus obras. Como se ve en Jeremías 17: 5 - 8, cuando se confía en Dios, hay grandes bendiciones. Además de esto, de acuerdo con las instrucciones del Señor en Levítico 19: 26, como millonarios debéis alejaros de la adivinación. Si os dejáis llevar por ella, quedaréis reducidos a la nada.

El poder del color

Todos los Nuevos Millonarios deben conocer el poder del color. Por ejemplo, necesita saber lo que significa cada color, cuándo usar qué color para varias funciones, cómo saber qué colores traerán las bendiciones de Dios, y cómo Dios le habla usando colores.

¿Sabías que Dios tiene un color favorito? Su color favorito es el azul. A continuación hay una tabla sencilla para que te hagas una idea de los significados negativos y positivos de cada color. Aquí hay algunos ejemplos esbozados en la siguiente tabla.

COLOR	SIGNIFICADO NEGATIVO	SIGNIFICADO POSITIVO
Negro	Muerte Desesperación Derrota	Creación Creatividad Renacimiento Nuevas posibilidades Nueva vida
Verde	Celos *(El monstruo de ojos verdes)*	La vida Nuevo comienzo Naturaleza Prosperidad
Oro	Bajo y tenue Raya amarilla Auto-Glorificación Orgullo Silencio	Sabiduría La naturaleza de Dios Prosperidad Glory Riqueza Raro Regalos

Dios le pedirá que use ciertos colores en diferentes temporadas para el ministerio y el nombramiento. Incluso el color con el que pintas tu oficina o tu casa es importante. La obediencia es la clave!

Capítulo 3

DEUDA

En pocas palabras, el término "*deuda*" tiene varios significados diferentes:

- Algo que se debe" (en particular - dinero)
- Estado de obligación de pagar algo que se debe
- Bajo la obligación de una persona

Un "*deudor*" es "*una persona que tiene una deuda*" (especialmente dinero).

La deuda es la principal causa de estrés, frustración, enfermedad y cualquier otro mal que se pueda imaginar, que afecta al mundo actual.

Según el Diccionario Bíblico Wycliffe, en el Antiguo Testamento un "*deudor*" *era digno de* compasión. De hecho, era una marca del favor divino estar en la clase del prestamista.

Dios quiere que las empresas, el gobierno, otras organizaciones y líderes también, cumplan con los Principios Bíblicos para ayudar a los que están en deuda. El no cumplir con Deuteronomio 15 resultará en que las organizaciones y los líderes caigan en deuda también.

La instrucción del Señor es que al final de cada siete (7) años concederás una liberación de deudas, y esta es la forma que debe tener la liberación:

"... todo acreedor que haya prestado algo a su prójimo lo liberará; no lo exigirá a su prójimo ni a su hermano, porque se llama liberación del Señor. De un extranjero podrás exigirlo; pero renunciarás a lo que te debe tu hermano, salvo que no haya pobres entre vosotros; porque el Señor te bendecirá mucho en la tierra que el Señor, tu Dios, te da en herencia..."

Condona las deudas de los pobres. No le quites los bienes a los pobres.

Para las empresas y los líderes que obedecen al Señor habrá múltiples bendiciones:

- Aumento de la actividad
- Expansión para hacer negocios (con individuos u organizaciones)
- No pedirás prestado (a individuos u organizaciones), sino que aumentarás hasta la cima y te harás cargo de otras organizaciones si obedeces.

Muchos líderes no recibirán una bendición este año con respecto a las cancelaciones de deudas debido a su desobediencia.

La obediencia constante a los mandamientos de Dios hará posible una sociedad en la que toda la pobreza será eliminada por la bendición de Dios. La clave para eliminar la pobreza es la obediencia a la palabra de Dios. No obedecer significa que la pobreza nunca cesará de la tierra.

El Deuteronomio 28: 12 te lo recuerda:

"... Prestarás a muchas naciones, pero no pedirás prestado".

I Samuel 22: 2 afirma que los deudores, los angustiados y los descontentos seguían al ejército de David.

Usando la Escritura en 2 Reyes 4: 1 - 7, sobre Eliseo y el Aceite de la Viuda como ejemplo, cuando estás en deuda y los acreedores vienen, debes primero:

- Clama al Señor (Jeremías 33: 13)

- Busca al Profeta/Servidor de Dios. Al invocar a los Profetas de Dios, él/ella puede ser capaz de mostrarte algo que creará un milagro o te dirá cómo salir de las deudas.

- Reza por ese milagro. Lo que parece que no sirve para nada puede ser lo que puede crear millones.

Date cuenta de eso:

- La jarra de aceite era probablemente aceite de oliva utilizado tanto para cocinar como para combustible.

- En la antigüedad, las mujeres del Cercano Oriente eran consideradas inferiores. Así que este milagro de Eliseo demostró la fidelidad, el cuidado y la provisión de Dios para las marginadas. La provisión era proporcional a la fe de la mujer y a su capacidad de recibir.

- La falta de fe puede hacer que cesen las bendiciones de Dios en tu vida y detener el flujo.

En 2 Reyes 4: 1-7, Dios no sólo usó al Profeta para crear el milagro, sino que lo usó para dar las instrucciones proféticas para liberar a la mujer de la deuda (que es la esclavitud). Además, utiliza al Profeta para liberar la provisión a la familia; de esta provisión sobrevivirían.

A veces, las deudas son el resultado de promesas deshonestas y de la usura que te llevan a la esclavitud financiera.

Leyes diversas

Deuteronomio 24: 6 y 17 hablan de las Leyes Misceláneas.

Israel poseía una pequeña máquina de moler para preparar la harina para el pan de cada día. Tomar este pan como garantía de un préstamo estaba prohibido, ya que la moledora sería retirada si no se devolvía el préstamo; y las personas se quedarían sin sustento.

- No utilices tu medio de vida como garantía de ningún préstamo; busca al Profeta que te instruirá

- El alto tipo de interés que cobran los banqueros; la búsqueda de acreedores causa grandes dificultades al pueblo, como en Nehemías 5: 1 - 11.

- El plazo de amortización debería ampliarse y los dirigentes -especialmente en el sector inmobiliario- deberían hacer todo lo posible antes de ejecutar la hipoteca de la casa de alguien que está endeudado. Esto es particularmente cierto para aquellos que perdieron su casa con grandes sumas de capital en ella, simplemente por "*mal crédito*".

Éxodo 22: 25 - 27 revelan que prestar dinero al pueblo de Dios, que es pobre, y luego cobrarles altos intereses traería un gran sufrimiento y es condenado por Dios. También se condena el hecho de pedir una garantía a los pobres para concederles un préstamo y luego quitarles la garantía por falta de pago durante una mala temporada.

Cuando los pobres clamen a Dios, Él los escuchará y tendrá gracia; y cuando Dios escuche sus clamores y responda, significará que muchos prestamistas y acreedores quedarán fuera del negocio.

En el Salmo 15: 5, Dios dice que los que no son culpables de usura y no aceptan sobornos contra los pobres, nunca serán conmovidos. Los altos intereses en los préstamos a los pobres están prohibidos. Cualquier individuo o prestamista que se comporte según las directrices bíblicas nunca será movido.

En Ezequiel 18: 7 - 9, Dios habla del peligro de quien quita la prenda al deudor. Dice:

- No exijas usura: no cobres tipos de interés elevados ni te lleves ningún aumento

- No opriman a los pobres. Los ricos se aprovechan de ellos

- Ejecutar el juicio verdadero

Si obedecen la Palabra de Dios, entonces tales personas o negocios vivirán. Sin embargo, los versos 10 -13 dicen que si se niegan a acatarla y son encontrados culpables, ciertamente morirán.

Llevar a la gente a la pobreza, la deuda, y sucumbir a la alta tasa de interés causa un gran sufrimiento para los individuos, los prestamistas y los acreedores. Causará la muerte - tanto natural como espiritual - aquellos que están operando de una manera que causa que el pueblo de Dios esté en esclavitud, tanto que no pueden adorarle, traerá el juicio sobre una nación.

Para que los problemas financieros cesen, y para que las empresas y los países vuelvan a ser rentables, necesitan devolver a sus deudores su garantía. Es decir, tendrían que devolver la garantía de sus deudores a ellos. Esto se ejemplifica en Lucas 19: 1 - 10 cuando Zaqueo tuvo que devolver a sus deudores el cuádruple para que la salvación pudiera llegar a su casa; y también para que ellos recibieran los beneficios de la salvación. Los cuales incluyen:

- Liberación

- Solidez

- Prosperidad
- Conservación
- Felicidad
- Rescate
- Bienestar general

Dios llama a los que han oprimido a los pobres a devolver cuatro (4) veces lo que les han robado para que ellos mismos -los opresores- puedan ser restaurados.

El Deuteronomio 24: 10 - 12 establece:

"*Cuando le prestes algo a tu hermano, no entrarás en su casa para recibir su prenda. Te quedarás fuera, y el hombre al que le prestes te sacará la prenda. Y si el hombre es pobre, no te quedarás con su prenda durante la noche*".

Además, los versículos 13 - 14 te hacen saber que:

"*En todo caso, le devolverás la prenda cuando se ponga el sol, para que duerma en su propia ropa y te bendiga; y te será justo ante el Señor tu Dios. No oprimirás al jornalero pobre y necesitado, sea uno de tus hermanos o uno de los extranjeros que esté en tu tierra dentro de tus puertas.*"

He aquí una pregunta interesante. Si Dios tratara con los pecadores, que están en deuda con Dios como han tratado con los pobres, ¿qué pasaría? ¡UNA GRAN BANCARROTA!

Deuda y salud

Levítico 27 revela que todos los Diezmos de la Tierra o de los frutos son del Señor. Una vez que alguien retiene sus Diezmos, él/ella estará en esclavitud - lo cual es una deuda. Para salir de la deuda tiene que pagar sus Diezmos, y además de eso **añada** un quinto, que es el 20%, al total de los Diezmos. Por ejemplo, si su Diezmo es de $10 entonces tendría que pagar $10 + (20% de $10) = $10 + $2 = $12.

Un dato interesante es que el número cinco (5) significa "*servir*". Todo el mundo sirve a algo o a alguien, ya sea bueno o malo.

Como líderes deben reconocer que la mayor esclavitud a la que está sometido el pueblo de Dios es la DEUDA. Uno se convierte en esclavo cuando la nación está endeudada. Esto es así porque lo que sucede en la cima afecta a los de abajo. La deuda impacta significativamente:

- Empleo
- Reducción de tamaño
- Altos tipos de interés
- Gran sufrimiento

Ninguna deuda puede reducirse sólo con la gestión física. Se requiere sabiduría espiritual para no tener deudas, además de buenas prácticas contables. Estas son especialmente importantes en lo que respecta a:

- Ahorro de energía

- Reestructuración
- Reorganización
- Formación del personal

para que cada persona pueda ser un administrador de sus recursos, y les permite conocer la importancia del dinero en conjunto con la Enseñanza Bíblica, como los Diezmos y Ofrendas, así como el tiempo de Dios y la forma de hacer negocios a través de:

- Gasto ajustado
- Presupuestos mensuales
- No comprar lo que se puede prescindir (artículos de marca frente a artículos de calidad sin marca)
- Ahorro en gastos de horas extras

Hay que entender que el dinero tiene que salir de algún sitio para ser gastado. La educación, en lo que respecta al coste y la deuda, tiene que empezar desde la infancia. Las escuelas también tienen la responsabilidad de educar a los alumnos en este sentido.

Para salir de la deuda, hay que enseñar a la gente a pescar y no darle el pescado en todo momento. Ese es el camino hacia la prosperidad. Además, para salir de la deuda es necesario:

- Vigilar los descubiertos
- Utilizar las tarjetas de crédito con prudencia

- Busque personal financiero que le explique los tipos de interés

- Cuidado con las penalizaciones en los préstamos

- Determinar si es conveniente refinanciar la vivienda en el momento actual

- Vender o alquilar. Por ejemplo, las hipotecas

- Hacer pagos adicionales al capital: es la clave para salir de la deuda

- Hacer un presupuesto mensual

- Busca al Profeta para recibir instrucciones según 2 Reyes 4: 1 - 7 para conseguir el milagro.

Deuda y perdón

La deuda es un asunto que trae mucho dolor, amargura y falta de perdón, y ha afectado no sólo a individuos, sino a empresas y naciones. Mateo 6: 12 revela que no sólo Dios quiere que se condonen las deudas, sino que su pueblo debe perdonar de corazón a sus acreedores. Deben perdonarlos por las cosas malas que han hecho y por haberles quitado sus posesiones, debido a las altas tasas de interés que estos acreedores les impusieron. Ahora mire a Mateo 18: 21 - 35 sobre el siervo que no perdona.

Dios quiere que uses estos principios:

- Tener paciencia en los momentos difíciles

- Extender la compasión
- Liberar a la(s) persona(s) u organización(es) y perdonarle la deuda

No hagas lo que se hizo en el verso 25, y pongas a la familia en esclavitud, prostitución - esclavitud. No les quites sus bienes como pago (como en el caso de la ejecución hipotecaria o el embargo). No emplees este método, porque Dios está en contra de este principio; es parte de la opresión y la esclavitud; es esclavitud. A través de la esclavitud de la deuda, los hijos e hijas (la siguiente generación) estaban siendo endeudados.

En Lucas 7: 41, Jesús enseña el principio de que cuanto mayor es el perdón, mayor es el amor. Esta parábola muestra el contraste de dos (2) deudores. La cantidad total de la deuda, el perdón de las deudas así como el contraste en el nivel de gratitud de ambos es claro. Al aplicar estos principios en relación con Simón y la mujer, Jesús muestra que quien se da cuenta de la profundidad de su propio pecado y de la grandeza de la misericordia de Dios, debe mirar como lo hace esta mujer, su amor fue el resultado de su perdón.

Mateo 18: 33 habla de la misma compasión que Jesús extiende a los individuos, a las empresas y a las naciones, y te hace saber que debes transmitirla para que puedas recibir más de Dios; y que es especialmente así en lo que respecta a los consiervos.

Jesús enseña cómo el espíritu de la falta de perdón -los torturadores, que son literalmente los cobradores- cobra su precio en tu cuerpo, mente y emociones.

Se aconseja a toda persona con mentalidad de reino que mantenga un corazón perdonador hacia todas las demás personas.

Deuda y tipos de interés

Dios quiere que su pueblo sepa que los bancos y las empresas obtienen grandes beneficios de nosotros a través de las altas tasas de interés que nos imponen, debido al estado de nuestras Calificaciones de Crédito.

Él quiere que su pueblo sea consciente de los tipos de interés antes de comprar. La mayor parte de lo que usted está pagando en nuestras compras a plazos y préstamos es el interés! Esto te mantiene en la esclavitud. Por ejemplo, hagamos la matemática simple:

¿Cuál es el reembolso total si se pide un préstamo de 350.000 $ a un interés del 8,5% anual durante 30 años?

Total de la amortización =
Total del préstamo + intereses del importe prestado

= 350.000 DÓLARES + [(350.000 X 8,5%) X 30]
= $350,000 + $892,500
= $1,242,500

Esto es lo que nos pone en esclavitud y ahora debes buscar estar libre de deudas y ser dueño en lugar de tener un préstamo.

Dios no quiere que los malvados succionen las bendiciones de su pueblo justo; quiere que su pueblo viva libre de opresión y esclavitud particularmente en el área de las finanzas.

Recuerda:

- No tengas demasiadas ganas de comprar. Siempre estará presionado para comprar cosas rápidamente y a crédito. Sea mezquino en las negociaciones. No estás obligado a comprar cosas a crédito, ¡no dudes en esperar! Puede que descubras que puedes conseguirlo en otro sitio a menor coste o en mejores condiciones. Además, no hay nada malo en tomarse un tiempo para analizar lo que tiene delante.

- Mientras tú duermes, los malvados siempre están planeando estrategias de mercado para

    - Quitarte el dinero
    - Te pone en deuda y esclavitud
    - Aumentar el estrés y la preocupación

  Y estas cosas te endeudarán aún más. Entienda que ese es el diseño y el propósito del sistema y por eso es aún más importante adherirse a Mateo 6: 33.

- La liberación de las deudas reducirá millones en facturas médicas, preocupaciones, ansiedad, estrés y presión. (Mateo 6: 25)

- Nunca utilice su tarjeta de crédito para comprar a menos que sea una emergencia. Esta facilidad le llevará a la esclavitud. Reconozca que la mayoría de sus transacciones comerciales están diseñadas de tal manera que necesitará utilizar las Tarjetas de Crédito. Recuerda que las compañías de tarjetas de crédito también son negocios y se benefician más cuanto más te endeudas. Si

- Si no te manejas bien en esta área, te pondrá en esclavitud.

- Tenga cuidado con los datos de su tarjeta de crédito cuando realice transacciones comerciales. Compruebe siempre los extractos de su tarjeta de crédito para asegurarse de que no está pagando dos veces por una cosa, o de que no le están obligando a pagar por algo en lo que ya no tiene interés.

- Utilice cheques o dinero en efectivo en la medida de lo posible cuando realice transacciones comerciales y haga un balance de su chequera con regularidad. Vigila los pagos en descubierto. Intenta mantenerte alejado de los sobregiros.

- No te involucres en esquemas de dinero rápido. Asegúrese de tener todos los datos, incluido el nivel de integridad de la organización. Muchas de ellas son estafas piramidales diseñadas para quedarse con su dinero sin cumplir lo prometido.

- Busque siempre ayuda profesional y certificada, incluyendo el asesoramiento legal por parte de profesionales cristianos, antes de firmar ciertos contratos. La letra pequeña hace daño al pueblo de Dios, y sólo cuando te estás hundiendo en la deuda te das cuenta de en qué te has metido.

La búsqueda de deudas e hipotecas

Como millonario, siempre debe estar tratando de encontrar maneras de mantener su libertad de la deuda. Hay varias cosas que hay que entender para no endeudarse cuando se busca una hipoteca.

1. Infórmese siempre de las distintas tasas que se aplican

2. Comprar y comparar las tarifas en el mercado

3. Si va directamente al banco, eliminará gran parte del coste, la comisión del agente, por ejemplo, y recibirá más fondos en mano.

4. Averigüe de quién es el derecho a elegir las empresas de títulos.

5. Compruebe siempre correctamente los cargos de la liquidación para ver si hay un cargo duplicado.

Curiosamente, si los bancos cambian sus normas, las empresas de corretaje se quedarán sin negocio. Los bancos son demasiado estrictos con los sistemas de crédito. Por eso la gente compra con corredores

Recuerda siempre que:

6. El prestatario es el que paga a todos los que intervienen en la transacción, no se deje engañar.

7. Los que se dedican a las hipotecas deberían hacer sus propias hipotecas.

8. La clave es conseguir a alguien que pueda tramitar la hipoteca

    - Agente de bolsa

- Agente inmobiliario

9. Si el crédito de una persona es bueno, y tiene los papeles necesarios, entonces no tiene que preocuparse.

10. Nunca debe ceder la escritura o regalar una propiedad a otra persona por ningún motivo, sin asegurarse de que está totalmente desvinculado de ella en todos los sentidos. Si quiere regalar o sembrar una propiedad, intente otras opciones legales. Recuerda que si sigues vinculado a la propiedad y no pagan, pagas ***tú***. Puedes, por ejemplo, alquilar la propiedad hasta que estés desvinculado de toda responsabilidad, y luego sembrarla.

11. Nunca debes hacer un regalo a alguien si tienes la más mínima sospecha de que te puede salir el tiro por la culata. Regala, pero córtate en el momento de la siembra y documéntate debidamente.

12. A nadie le importan tus finanzas sino a Dios y a ti mismo. Debes ponerte en primer lugar si vas a ser un libertador financiero. Esto no es una recomendación para ser tan egoísta como quieras, pero sé sabio y entiende que no puedes ser un repartidor si no tienes los recursos para entregar. Todo el mundo quiere obtener un beneficio de ti. Tienes que obtener un beneficio para ti mismo.

13. Sé prudente en los negocios, cuando cometas un error lo pagarás, a la mayoría de los que te meten en ese error no les importa después de obtener el

beneficio. Su trabajo es mantenerte endeudado, para que tengas

14. para volver a ellos, para endeudarte más y continuar el ciclo de dependencia.

15. No dejes que nadie te obligue a emprender un negocio para el que no estás preparado. Todos los negocios conllevan responsabilidad, coste y sacrificio. Cuanto más alto vayas, mayor será el coste que pagues: todo tiene un precio.

16. Elige con cuidado a las personas con las que vas a hacer negocios. Las personas con integridad son difíciles de encontrar. Reza mucho y recuerda que vives en una sociedad en la que todo gira en torno al dinero y no a la integridad.

17. Siempre es mejor hacer negocios con los que pagan los diezmos para que el dinero se mantenga dentro del reino de Dios - mantenerlo en la familia. Malaquías 3: 10.

Cosas que debe saber sobre la deuda y el miedo financiero

- Las deudas son la primera causa de mala salud. Trae consigo el estrés que afecta negativamente al cuerpo físico.

- La deuda trae esclavitud; te esclaviza a tu Acreedor

- Las deudas te hacen perder el control de tus finanzas

- La única manera de ser libre para centrarse en Dios y en su obra es no tener deudas

- La deuda trae consigo la vergüenza

Cosas que hay que saber sobre el miedo financiero

- El miedo financiero lo provocan las deudas y es uno de los mayores problemas a los que se enfrenta toda persona.

- El miedo financiero también alimenta la ansiedad, el estrés, la presión y el suicidio

Jesús nos enseña cómo vivir en tiempos financieros inciertos sin estrés ni miedo. En Mateo 6 Él enseña que el miedo financiero es:

- Irrazonable (vs. 25)

- Antinatural (vs. 26)

- Inútil (vs. 27)

- Innecesario (vs. 30)

- Incrédulos (vs. 31 - 32)

Para lidiar con las deudas y el miedo financiero debes emplear Mateo 6: 33, y buscar primero a Dios y las cosas del Reino de Dios.

Hay muchas soluciones en el Reino. De hecho, las hay:

- Muchos misterios
- Curas/Soluciones
- Nuevas empresas
- Nuevos hallazgos

La tierra misma fue creada para depender directamente de Dios para funcionar. Todo lo que sea independiente del Reino de Dios terminará en el caos y aumentará la deuda.

La rectitud es la clave número uno (1) para la reducción de la deuda, la prosperidad y las bendiciones en una nación y su gente. El mero hecho de que la gente haya ignorado a Dios en su toma de decisiones es una falta de rectitud, que ha traído grandes dificultades a las naciones.

Según Proverbios 15: 21 la palabra '*justicia*' significa '*el camino recto y llano*'. También significa "*lo que es agradable y placentero para Dios porque es correcto*", según Deuteronomio 12: 25.

La falta de justicia afectará el crecimiento y la prosperidad de una nación. Proverbios 14: 34

- La rectitud de la empresa aporta beneficios a la empresa
- La justicia exalta/promueve una nación en todos los aspectos de la prosperidad

El Salmo 89: 16 - 17 declara,

"*En el nombre de Dios nos alegramos todo el día; en la justicia de Dios son exaltados*".

La promoción viene por el favor de Dios. Se te da poder gracias a Dios.

Cuando estás endeudado, lo primero que debería hacer el sistema es establecer un sistema para reducir tu deuda. Actualmente, los sistemas establecidos están formulados para que te endeudes más. No puedes permitirte ser controlado por los sistemas de crédito. El hecho de que tus tipos de interés estén controlados por el sistema de crédito demuestra que no hay compasión. Lo único que les importa a los acreedores es su dinero, a cualquier precio.

Recuerdo que durante una temporada estuve enfermo, fui al médico y no tenía seguro médico. Incluso antes de que pudiera recuperarme, intentaron endeudarme más. Los acreedores te llaman y te acosan para que pagues, sin importarles si te estás recuperando. Puede que ni siquiera estés en condiciones de trabajar, pero lo único que les importa es que tengas o no su dinero. Este es un sistema perverso y demuestra que la deuda es una esclavitud.

Reconozca, sin embargo, que Dios va a liberar a su pueblo de la deuda/la obligación. Lo que Él quiere es que vivamos según Sus principios. Viene un tiempo cuando nadie usará el Sistema de Crédito. Muchos más negocios se estrellarán y Dios implementará Sus sistemas para reemplazar este Sistema Babilónico que ha tenido a Su pueblo en esclavitud.

Comenzará la curación, se descubrirán hierbas y curas naturales que dejarán a los hospitales fuera del negocio. Además, las compañías farmacéuticas saldrán del negocio. También, los bancos estarán fuera del negocio, otros prestamistas estarán fuera del negocio. Dios está cambiando ahora de estos negocios sin corazón de las personas. Los prestamistas, los abogados, los contables y las compañías de tarjetas de crédito te dejarán seco con los intereses. Dios está ahora levantando cristianos que están decididos a caminar en integridad, que no están en el negocio sólo para hacer dinero; aquellos que entienden la palabra '*gracia*'. No puedes esperar la gracia de Dios si no estás extendiendo la gracia.

Dios no está complacido con los sistemas/prestamistas y demás; habrá un cambio muy pronto a nivel global. Pronto, el único sistema para y forma de hacer negocios que se mantendrá en este tiempo final es el sistema de Dios.

Sin deudas: el camino hacia la verdadera liberación

Hoy en día, como sabemos, muchas personas están pasando por graves problemas financieros a diestro y siniestro. Algunos están a punto de abandonar, otros quieren suicidarse. Incluso los adolescentes están cayendo bajo la presión. Es un hecho que vemos de primera mano en todo el mundo. Todas las categorías están siendo afectadas - abogados, médicos, profesores, pastores, obreros - incluso algunos banqueros que desean vivir bien lo están sintiendo ahora. Muchos dicen: "Hemos ayunado, orado y dado y las cosas están empeorando". La gente se pregunta: "¿Por qué estoy haciendo todo lo que debería, y sin embargo las cosas empeoran, mientras que mis vecinos no lo hacen y parece que están prosperando?

Pero las personas que temen y sirven a Dios no pueden vivir como lo hace el mundo. Tenemos que construir nuestras vidas sobre la economía de Dios y confiar totalmente en Él.

El hecho es que los éxitos y las recompensas económicas del mundo están llegando a su fin. Se han quedado sin ideas y están en el último asalto. Los economistas ni siquiera pueden hacer un pronóstico adecuado.

Muchos de nosotros estamos siendo presionados hasta el límite, pero recuerda que es a través del fuego que nosotros, el pueblo de Dios, nacemos, lo que significa que en tiempos de dificultad, nuestros dones ocultos, la creatividad y el potencial se revelan a nosotros.

Dios quiere y va a bendecir a sus fieles, pero quiere que estemos libres de deudas. Sólo cuando uno se ha liberado de las deudas experimenta la verdadera libertad. Debemos ser sabios con los recursos que Dios nos va a dar. Tenemos que empezar a deshacernos de las tarjetas de crédito y empezar a reducir lo que debemos.

Quiere bendecirnos para que seamos los nuevos prestamistas. Reconoce que cuando damos a los pobres, prestamos al Señor. Los prestamistas son los que mandan y deciden los tipos de interés. Hay pobres a los que hemos descuidado, ¡pero tenemos que alimentarlos! (Proverbios 19: 17)

Dios nos llama a buscarle más profundamente. Muchos están demasiado ocupados, por lo que no pueden recibir lo que el Señor tiene reservado para ellos. Él quiere darles una mayor visión para sus vidas. Él quiere que sean inventores y desbloqueen las invenciones que Él está esperando dar a cada uno.

Los empresarios de Dios

Dios está levantando nuevos millonarios, empresarios con soluciones y nuevas ideas. El mundo está en bancarrota de soluciones. El mundo no puede prescindir del reino. Incluso el Faraón necesitaba un José.

El sufrimiento también aporta sabiduría. La impaciencia es lo que nos trae deudas y problemas la mayoría de las veces. Así que Dios nos está enseñando la paciencia y dándonos conocimiento, sabiduría y entendimiento al mismo tiempo. Hay demasiada gente astuta acechando por ahí esperando para robarte tu herencia.

Muchas veces nos lamentamos y decimos que Dios llega tarde. Pero Él llegó antes del tiempo, a tiempo y a tiempo.

Tu sufrimiento también puede darte una mayor revelación de quién es Dios. Hay diferentes atributos de Dios - diferentes lados de Él para que los experimentemos. Si no tuviéramos problemas, sus diferentes facetas y atributos no se nos revelarían. Algunos, en su enfermedad, han encontrado que Él es su sanador; otros experimentaron Su provisión y, en su tiempo de carencia, han encontrado que Él es proveedor.

Cuando uno se enfrenta a problemas y parece que no hay salida -deuda elevada, mala puntuación de crédito-, Él puede ser el Dios del favor para esa persona. Su favor te califica cuando las probabilidades están en tu contra. Incluso si usted puede estar enfrentando el desalojo, o su negocio está siendo subastado o si se le ha negado un préstamo estudiantil - siempre hay un carnero en el monte.

Muchas veces, pasamos por dificultades para la gloria de Dios. Pero reconoce también que pasamos por problemas para aumentar nuestra fe. Cuando nuestra fe aumenta, nuestro favor aumentará. Cuando nuestro favor aumenta, nuestra visión aumentará. También lo harán nuestro poder y nuestro dinero.

Capítulo 4

SOBRE DINERO Y ASUNTOS FINANCIEROS

Cuando se observan los sistemas creados para tratar los sistemas financieros, está claro que todo se reduce a una cosa: ¡todo es cuestión de dinero!

Los sistemas que incluyen los bancos y las compañías hipotecarias no establecen sistemas para tratar con las personas con:

- Ingresos bajos o nulos
- Malos créditos - no es culpa suya

Una cosa del sistema es que no tiene en cuenta que en la vida hay altibajos y temporadas de falta de conocimiento por las que cada persona pasará inevitablemente. Por cierto, adquirir conocimientos y sabiduría es muy caro, también cuesta dinero.

Para que las empresas saquen tu línea de capital y aumenten sus ingresos, está claro que todo es cuestión de dinero. Sólo querrán invertir si obtienen un beneficio "*demoledor*" de ti. Todo el sistema está diseñado para hacer más pobres a los pobres, mientras los que tienen el capital, los manipulan, controlan y saquean.

El sistema

Qué sistema hay para los que están en bancarrota o pasan realmente por un periodo difícil y tienen retrasos en los pagos. No hay ningún sistema que lo contemple. Si, por ejemplo, tienes un mal crédito y quieres aclararlo, te costará. El prestamista le descalificará en función de su pasado en relación con su:

- Hipoteca
- Facturas de servicios públicos
- Tarjetas de crédito

y más.

Dios es el principal prestamista, especialmente de la vida. Teniendo esto en cuenta, ¿deberían nuestras vidas para el presente o el futuro basarse en nuestro pasado? Si Dios, nuestro principal prestamista, operara como lo hacen estas instituciones, ¿qué pasaría con el mundo?

Si Jesús no mirara más allá de nuestros errores y de los pecados de la humanidad, ¿habría perdón de los pecados; y qué pasaría con todos nosotros?

Si muchas de las instituciones financieras dieran a la gente la oportunidad de recuperarse, ¿seguiría la gente en esa esclavitud? No, no lo harían. No lo harían porque entonces, estarían invirtiendo en algo que puede ayudarles a convertirse en el próximo millonario!

El sistema está tan establecido que se basa en tu situación financiera actual. Deben juzgarte y evaluarte en base a asuntos pasados. Prefieren ejecutar la hipoteca de tu propiedad antes que darte un préstamo para que te recuperes, así que todo se basa en el dinero. Cuando hacen eso, tú pierdes tanto tu dinero como tu patrimonio. Ellos se enriquecen; pero Dios está a punto de reunir a un grupo de cristianos para crear bancos que ayuden a su pueblo; o como dice el Libro de Habacuc, Dios va a permitir que los saqueadores sean saqueados. El juego que ellos juegan es decir que usted es un riesgo para los inversionistas, y entonces sobre esa base ellos aumentan el interés sobre usted mensualmente.

Curiosamente, los inversores tienen un doble rasero en sus operaciones; porque no compran ni invierten en propiedades con su propio dinero. En su lugar, utilizan el principal recurso de los bancos -que es nuestro dinero- y en muchos casos no se les hace ninguna comprobación detallada.

Todo el sistema financiero nunca fue creado para liberar a los pobres y a la clase media, fue creado para los grandes jugadores, que saquean al pueblo de Dios, es el sistema en primer lugar el que lleva al pueblo a la esclavitud financiera. El diablo sabe que en el momento en que pueda mantener al pueblo de Dios en la esclavitud financiera, entonces tendrá la ventaja. No se puede hacer nada sin dinero. Solo el favor de Dios puede liberarnos. Una vez que el diablo tiene a la gente en la esclavitud financiera, esto los mantendrá de pagar sus diezmos y ofrendas y sembrar la semilla en la obra de Dios.

El número de la Seguridad Social

Este es el siguiente sistema de control. Una vez que usted no tiene un número que no puede hacer negocios. ¿Es este el comienzo del sistema anticristo? Una vez que usted no produce este número, entonces la institución financiera va a manipular y esclavizar a usted por:

- Cobrarles tipos de interés más altos
- Dando menos salida al dinero
- Te mete en un compromiso de 30 años: cuando terminas de pagarlo, ya pagas el doble del valor original.

El sistema está preparado para que seáis esclavos de los dirigentes. Te pintarán una imagen de que no estás en riesgo, cuando saben muy bien que si estás en mora venderán tu propiedad.

Dios quiere que su pueblo siga los principios de Mateo 6: 33, busquen que Él les dé sabiduría para tratar con estos malvados saqueadores. Todos los negocios deben operar con el temor de Dios; Él debe obtener su gloria en todos los negocios, no el hombre.

La mayor guerra en el tiempo del fin será en el área de las finanzas. Dios quiere las posesiones de su pueblo fuera de la mano de los sistemas babilónicos. El Enemigo, por ejemplo, usará los sistemas mundiales para castigar a la Iglesia que compró sus edificios a través de grandes compañías en préstamo, así como a aquellos cristianos que Dios ha puesto en la autoridad. Por ejemplo, dentro del sistema legal y financiero sistemas además del sistema médico habrá una evaluación rápida de los que deben ser responsables por ser tibios y no simplemente sentarse en una esquina y mirar! Deben decidir de qué lado están - del lado de Dios o del Enemigo. Una línea es ahora dibujada y ellos serán responsables por el conocimiento que han recibido. Aquellos que caminen en obediencia y fidelidad a Dios, Él los promoverá, para que puedan tener sus propios negocios. Miles de personas se quedarán sin trabajo en los distintos sectores. Habrá vendedores y no compradores como resultado de la gran injusticia. Muchos de los edificios de estos banqueros se convertirán en iglesias y viviendas para los pobres. Cerrarán. Estarán suplicando a la gente que tome préstamos ya que los días de su maldad están llegando a su fin.

No han considerado a Dios como el que da el poder para conseguir la riqueza - según Deuteronomio 8: 18. Dios va a contrarrestar muchos de sus sistemas.

Cómo tratar los asuntos financieros

Dios quiere que su pueblo tenga dinero. Él no quiere que sean siervos de los prestamistas; deben ser siervos de Dios solamente, de acuerdo con Proverbios 22: 7.

El Salmo 105: 37 y el Éxodo 12: 35 - 36 revelan que cuando Dios liberó a su pueblo de Egipto, lo sacó con plata y oro. No había ningún débil entre sus tribus - ninguna enfermedad, ninguna pobreza. Estaban financieramente seguros y libres de deudas. Ya no estaban en esclavitud. Para que el pueblo de Dios realmente camine en libertad, Él tiene que liberarlos de la esclavitud financiera. Mientras son libres del Egipto físico, Satanás ha establecido un Egipto financiero para encerrarte en una gran deuda para convertirte en siervo de los prestamistas y esclavizado a él!

De acuerdo con 2 Crónicas 10: 3 - 6, cuando estás en deuda, es una fortaleza, y no puedes derribar efectivamente las fortalezas si estás en deuda. Usted necesita dinero para pelear efectivamente la batalla. Además de esto, los intercesores no pueden ser realmente efectivos en la lucha contra el Enemigo de las almas si están endeudados. La mayoría de los intercesores en el Cuerpo de Cristo están en esclavitud. Debes ser libre para luchar, y es difícil luchar con un yugo alrededor de tu cuello o una cadena en tu mano.

Lo que ayuda o dificulta cuando se está atado

La arrogancia, las ideas rebeldes y las malas actitudes hacia la prosperidad y las ofrendas deben terminar. Usted necesita orar para que Dios cambie la mentalidad de la gente con respecto a dar a la obra de Dios. Reconozca que:

- Usted está en esclavitud cuando el edificio de su iglesia es propiedad de un banco; tanto como lo es con sus casas, vehículos y otros bienes.
- Estás en esclavitud cuando no puedes sobrevivir si no recibes el salario de un mes.
- Usted está en esclavitud cuando no puede llevar a cabo la obra del ministerio o ejecutar la visión que Dios le ha dado por falta de fondos.

- Usted está en la esclavitud cuando no puede permanecer en la presencia del Señor como los Apóstoles solían hacer, debido a la falta en la iglesia para el ministerio eficaz - como en Hechos 4: 32 - 37; Hechos 2: 40 - 47; Éxodo 35: 2 - 7 (aquí el líder tuvo que restringir a la gente de dar).

Obediencia al dar

Cuando usted es obediente para dar, entonces cuando Dios le habla, usted estará en una mejor posición para derribar fortalezas. La batalla más grande que usted está peleando en estos últimos días es en el área de las finanzas para el Reino. Si el diablo puede secar las finanzas dentro del Cuerpo de Cristo y más específicamente, en la iglesia, detendrá el crecimiento de la Iglesia y retrasará la visión. Es por eso que Él da a los cristianos una mentalidad carnal con respecto a dar. Dar es un don, donde quien busca ese don, debe buscarlo para construir el reino. Es por esta razón que debes derribar las fortalezas de:

- Desobediencia
- Miedo
- Mentalidad equivocada respecto a la Iglesia

Negarse a dar va en contra del conocimiento de Dios.

El diablo siempre nos ataca silenciosamente en esta área, ya que es el mayor ataque a la Iglesia. Desafortunadamente, los intercesores que están llevando a cabo la guerra contra las fuerzas de Satanás se han encontrado en un aprieto, porque son los más culpables de oponerse a los mensajes del Tiempo de la Semilla y de la Prosperidad. Ellos son los que menos oran (o no oran en absoluto) para que Dios derribar las fortalezas de todas nuestras mentes, para que podamos aceptar el mensaje del Tiempo de la Semilla, y sembrar para obtener la cosecha que Dios quiere liberar para nosotros.

La unidad no puede darse en la Iglesia cuando la pobreza aumenta. El engaño está fuera! Derribar las fortalezas para que los miembros liberen el dinero de Dios para financiar el evangelio - no hay conversaciones negativas en la Iglesia en contra de dar; sino corazones dispuestos y declaraciones positivas. Sembrar la semilla es la respuesta a muchas peticiones de oración.

Además de todo esto, Mateo 6: 10 - 11 muestran que en última instancia, cuando se tiene dinero en abundancia, el Reino de Dios vendrá y se hará su voluntad en la tierra, como en el cielo.

Mateo 6: 12 nos habla además del perdón y la cancelación de la deuda. Sólo cuando ustedes, la iglesia, estén libres de deudas, ¡experimentarán el pleno poder del Reino! Esto debe ser orado diariamente, no sólo para usted, sino también para la Iglesia, sus líderes y miembros.

Además, los líderes de la Iglesia deben declarar Números 6: 22 - 27 sobre la congregación regularmente - la Bendición Sacerdotal.

"*... El Señor te bendiga y te guarde; el Señor haga brillar su rostro sobre ti, y tenga piedad de ti; el Señor alce su rostro sobre ti, y te dé paz...*"

Préstamo

Deuteronomio 28: 12 - 13 muestra que Dios quiere que su pueblo deje de pedir prestado. Cuando pides prestado, te unes al prestamista; estás a merced del prestamista. Recuerda que la esclavitud causa sufrimiento y dolor.

Dios quiere que su pueblo preste a las naciones y no pida prestado; esa es una promesa de Dios. Cuando usted presta atención a los mandamientos del Señor, Él quiere que usted sea la cabeza, no la cola. El término "*cabeza*" representa *la "autoridad"*. Está claro que Él no quiere que seas un siervo de las deudas. Debes rezar para que Él te abra su buen tesoro del cielo y dé lluvia a tu tierra en su tiempo.

Es importante reconocer que el término 'tierra' es 'la herencia prometida que Dios nos va a dar'. La tierra es una bendición para construir y plantar. Habla de aumentar y sembrar. Necesitas tierra! Una vez que se es hijo/hija, se tiene derecho a la tierra. Los hijos son herederos/sucesores de bienes raíces!

Aquellos hijos que no son legitimados siempre son enviados con regalos de prosperidad mobiliaria, como sucedió con Ismael y Agar en Génesis 21: 8 - 21. Una vez que eres el hijo legal, como lo fue Isaac en Génesis 25: 1 - 6, entonces la Bendición de Abraham se extiende a ti - te pertenece. Tienes derecho a la tierra, al patrimonio y a la transferencia de la riqueza. Adicionalmente, siempre pide al Señor que te dé autoridad en la riqueza, de acuerdo con Deuteronomio 28: 13.

Los hijos son aquellos con los que el Señor establecerá su pacto, como en Génesis 17: 19; pacto eterno también con sus descendientes. Si no eres reconocido como hijo, Dios te bendecirá igualmente - como en Génesis 17: 20 - pero fue con Isaac que Dios estableció la herencia.

Heredar la tierra

Para salir de las deudas y poseer riquezas, hay que heredar tierras. Jacob adoptó a los dos hijos de José y les dio herencia -tierra- según Génesis 48: 5.
Es interesante observar que cada séptimo (7º) año se designaba como año de liberación para dejar la tierra en barbecho, según Éxodo 23: 10 - 11 y Levítico 25: 1 - 7.

Además, según Levítico 25: 8 - 55, Levítico 27: 17 - 24 y Ezequiel 46: 17, el quincuagésimo (50) año, que sigue al séptimo (7º) año, debía proclamar la libertad de los que eran siervos por deudas y volver a sus antiguos dueños.

La paz financiera

La voluntad de Dios es que consigas la paz financiera y hay algunas cosas que debes saber para conseguirla.

- Haz de Dios tu fuente - Salmo 8: 4 - 11. Si Dios no es tu fuente, cuando surge un problema, todo se desmorona. Esto se ejemplifica en Lucas 16. Este hombre no dependía de Dios.

- Sabe que Dios es tu protección - Salmo 91.

- Considera a Dios como tu socio comercial. Deja que Él te ayude a tomar decisiones. Mateo 6: 33

- Considera siempre que todo lo que posees es de Dios - I Crónicas 29.

- Sembrar siempre la semilla - Génesis 8: 22

- Siembra siempre para salir del hambre - Génesis 26 y I Rey 17

- Que todos los que te rodean se tomen en serio la responsabilidad financiera. Por ejemplo, deben entender que todo tiene un factor de coste.

- Cada persona debe llevar su propia carga financiera - Gálatas 6: 4 - 5. Deben conocer el valor del dinero, así como lo que se debe y no se debe hacer.

- No te aventures en nada si no consigues ningún favor. La falta de favor te empujará a las deudas.

Reconocerlo:

- Dios quiere sacar a su pueblo de las deudas

- En esta temporada la gente tendrá que aprender la responsabilidad personal, de trabajar la tierra y comer de ella.

- Para caminar en paz financiera, debes caminar en la fe, según Hebreos 11. Siembra, diezma y camina en paz.

- Antes de firmar un contrato -ya sea para un préstamo o para comprar cualquier cosa- infórmate del tipo de interés actual.

- Averigüe siempre a qué le da derecho su puntuación de crédito, incluidos los buenos tipos de interés.

- En la negociación, compórtate siempre como si pudieras marcharte. No negocie con prisas.

Además, hay otras herramientas que puedes emplear para conseguir tu paz financiera.

- Pague siempre más de lo que se requiere en los pagos de su préstamo. Esto reducirá la duración del préstamo y se pagará rápidamente.

- La falta de perdón puede causar que estemos en deuda - Mateo 6: 12. Cuando estás en deuda, estás en esclavitud; eres un esclavo. El perdón trae la libertad de la deuda.

- Mateo 14: 22 - 33 especialmente el verso 31 nos dice que el miedo y la duda te hundirán en la deuda. Tienes que mantener tus ojos en Jesús. No debe haber miedo ni duda - los "*vientos bulliciosos*" en esta Escritura hablan de la duda.

- Dios quiere que estemos libres de deudas. Su palabra en Romanos 13: 8 dice "No debáis a nadie nada, sino amaros los unos a los otros, porque el que ama al otro ha cumplido la ley.

- Las deudas deben ser perdonadas - Mateo 18: 23 - 35. El perdón trae bendiciones y nos ayuda a estar libres de deudas y a estar fuera de la esclavitud. Mira Lucas 7: 41 - 42

Debes reconocer que el sistema fue establecido para mantenerte en deuda por medio de altas tasas de interés! El enemigo siempre utiliza el dinero y los préstamos para mantenernos en la esclavitud.

Capítulo 5

EL DINERO DEBE HACER COSAS BUENAS

1 Timoteo 6: 10 dice: "Porque el amor al dinero es raíz de toda clase de males, por lo cual algunos se apartaron de la fe por su avaricia, y se traspasaron a sí mismos con muchos dolores."

El dinero en sí no tiene nada de malo. Sin embargo, es el amor al dinero -la condición del corazón y los motivos detrás del dinero- lo que constituye el problema. El dinero es una defensa, se supone que debe hacer cosas buenas, y también debe ser utilizado para crear más dinero para ganar guerras y transformar vidas para mejor. Cuando se tiene dinero, se tiene poder y acceso. El dinero se menciona incluso más que la fe y la oración en la Biblia: más de 2.000 veces. Cuando se tiene dinero, se puede formar parte de las juntas directivas de varias organizaciones y presentarse a cargos políticos, y cuando se dicen tonterías, se llega a los titulares. La gente te muestra respeto y te trata de cierta manera cuando tienes dinero.

Los cristianos no deben tener miedo de conseguir dinero, siempre y cuando lo consigan legalmente; porque si el reino de Dios va a ser efectivo en el tiempo del fin para transformar las naciones, entonces necesitamos dinero para impactar vidas.

Voto de pobreza

A menudo, oímos a la gente criticar a los cristianos que tienen dinero, o a los cristianos que hablan de dinero. Pero al contrario de la creencia popular, no hay ningún voto de pobreza en las escrituras. Muchos no tienen ningún problema cuando los políticos o los narcotraficantes consiguen dinero, ya sea legal o ilegalmente; pero en cuanto un hombre de Dios empieza a prosperar, tienen un problema, incluso cuando lo consiguen legalmente. El dinero nos permite sentarnos en las mesas de influencia para alimentar a los pobres, ayudar dando becas a la gente, ayudar a los estudiantes universitarios que tienen dificultades y no pueden pagar sus estudios - la mayoría de ellos quedan fuera del sistema.

Dios permite que la gente tenga dinero, no para patrocinar el mal. El dinero es para hacer cosas buenas (Isaías 49: 50; Deuteronomio 8: 19; Proverbios 22: 16). Por eso Él permite que las organizaciones obtengan beneficios. No debemos usar nuestro dinero para oprimir a los pobres o darlo sólo a nuestros amigos ricos, ni usarlo para financiar asesinatos, violaciones e inmoralidad sexual.

Algunos prefieren pagar a un brujo para que haga daño a alguien, antes que pagar la factura del médico de alguien o comprarle la comida o darle a un niño el dinero del almuerzo para la escuela. No permitas que el dinero se convierta en tu amo o en tu adicción: ¡debes dominar el dinero!

Cuando el hombre ama el dinero más que a Dios, entonces se convierte en un ídolo para él, y también tratarán de ir en contra de alguien que está tratando de ganarse la vida. Todos deben tener las mismas oportunidades y el mismo derecho a ganar dinero. Así que no uses el dinero para poner regulaciones que impidan a otro ganar dinero. No robes a nadie su salario y su medio de vida (Santiago 5: 4; Jeremías 22: 13).

El dinero no debe separarse

Nunca permitas que el dinero te separe de Dios o de los buenos amigos. El dinero va y viene, nunca se sabe en qué dirección soplará el viento. Puedes ser multimillonario hoy y mendigo mañana.

Persigue siempre las verdaderas riquezas, que son de naturaleza espiritual: justicia, piedad, fe, amor, paciencia. No permitas que el dinero te haga traicionar a los que confían en ti, incluidos tus líderes. Las riquezas son muy transitorias y su valor cambia. Las riquezas terrenales son sólo tan buenas como su valor actual.

Los ricos deben ser buenos administradores. El bien que hagamos hoy traerá dividendos eternos. Así que busca a alguien y empieza a ayudarle.

Debemos dejar de tomar decisiones basadas únicamente en el dinero. Por ejemplo, elegir a los candidatos políticos en función de lo ricos que sean o de lo ávidos de dinero que estén.

La codicia detiene el flujo de más dinero. Dar significa que hemos conquistado la codicia. Así que en el momento en

que nuestros motivos sean/sean correctos individualmente/globalmente, entonces veremos el cambio individualmente/globalmente, y también la reducción del crimen, la violencia y la corrupción, y la gente empezará a buscar estar en los puestos políticos - no por el amor al dinero, sino por la oportunidad de servir a sus semejantes.

Capítulo 6

SE NECESITAN... ¡BANQUEROS CON COMPASIÓN!

Mateo 18: 21 - 35

Dios está llamando a nuevas personas a la banca y a que los banqueros cambien su forma de operar para que los que sufren contratiempos y crisis financieras puedan mantener su integridad y estatus. Debido al sistema de crédito en Estados Unidos, muchas personas han pasado por problemas financieros, ¡tanto que cuando se recuperan les cuesta comprar cualquier cosa!

El sistema de créditos

El sistema de crédito es tal que, por ejemplo, alguien se retrasa en el pago de su hipoteca tres (3) o cuatro (4) veces y eso se utiliza en su contra para descalificarlo de la refinanciación o de las prestaciones para propietarios de viviendas. Sin embargo, algunas personas pueden llevar a cabo una refinanciación u obtener otras prestaciones para propietarios de viviendas a tipos de interés muy elevados. Este sistema ha llevado y sigue llevando a la gente a emplear nuevas formas de intentar solicitar ayuda a otras personas con buen crédito para que les ayuden a conseguir una hipoteca. Algunos consiguen entonces escrituras de renuncia, y otros no. Algunos pagan entre 10.000 dólares y más para conseguir estas transacciones. Algunos de los que cometen el error de hacer tales transacciones en primer lugar terminan perdiendo todo!

Dios quiere que los bancos operen de tal manera que los que tienen mal crédito tengan la oportunidad de refinanciar una vez que haya una razón válida para que su crédito vaya mal. El banco necesita tener un comité de Consejeros y Asesores y necesitan crear un sistema para ayudar a los pobres con su crédito. El sistema de crédito, tal y como está, hará que un gran porcentaje de estadounidenses sea propietario de una casa a nombre de otra persona.

Los bancos tienen que eliminar el uso de una verificación de crédito para evaluar la elegibilidad de alguien para acceder a un préstamo. Las instituciones financieras pronto se estrellarán si siguen así. Pronto experimentarán un gran descenso en el número de personas que solicitan préstamos bancarios, lo que provocará una hambruna en las instituciones financieras.

La opresión sobre el pueblo es grande, y es necesario un cambio en el funcionamiento de las instituciones financieras. Estas instituciones necesitan operar de acuerdo a los principios de Dios. Por ejemplo, darse cuenta de que una vez que pides a Dios su perdón, entonces Él te perdona. Él no lleva esos hechos o pecados al siguiente año para evaluarlos. Hay que reestructurar el sistema porque tal como está, no es bueno para el país, sólo conduce al fraude, a la mentira y a la codicia.

Entonces el dinero, y no la capacidad o habilidad de ayudar a la gente, se convierte en el único objetivo!

Es necesario que lo haya:

- La compasión en los negocios
- Integridad en el sistema para realizar transacciones comerciales

Las instituciones financieras, los cobradores y otras organizaciones de este tipo deben comenzar a operar con corazones perdonadores en los negocios. Una vez que estas organizaciones lleven a cabo cancelaciones de deudas cada siete (7) años - como en Deuteronomio 15 - Dios bendecirá seriamente a estas instituciones; porque, la manera en que los negocios operan hoy causará que muchos de ellos estén fuera del negocio muy pronto. Todos los que realizan transacciones - comerciantes de muebles y automóviles, bancos, compañías hipotecarias, organizaciones de bienes raíces - sufrirán como resultado de este nuevo cambio de paradigma en los negocios.

Malos créditos

Cualquier institución financiera que comience a atender a los pobres con mal crédito se elevará a la cima, porque Dios busca a estas instituciones para bendecirlas por ayudar a su pueblo:

- Ayudarles a poseer bienes legalmente
- Ayudarles a proteger sus casas de la ejecución hipotecaria y sus bienes del embargo.

- Presentarles un papeleo honesto y ayudarles a mejorar su situación para obtener préstamos.

- Establecer un sistema para escuchar las razones de las crisis en las que se encuentran y ayudarles con soluciones para que salgan de sus circunstancias libres y claras.

Esa empresa sería bendecida abundantemente!

Una empresa de este tipo necesitaría personal no sólo cualificado para aportar soluciones, sino también capaz de actuar con una gran compasión para atender eficazmente las necesidades de esas personas.

No se puede seguir operando el negocio con una mentalidad singular - con una sola cosa en la mente - ¡dinero, dinero, dinero sin importar el costo y el gasto de quién! Para muchas de estas instituciones financieras, no importa quién duerme en la calle; ¡pero hay que reconocer y aceptar que es necesario revisar todo el sistema financiero!

Puntuación de crédito y tipos de interés

Es una práctica injusta aplicar tipos de interés basados en la información crediticia de una persona. Curiosamente, los tipos de interés elevados no se aplican a los ricos, aunque tengan mal crédito, sino a los pobres. Las soluciones a este problema son las siguientes:

- Tener un tipo de interés fijo

- Disponer de un período de gracia de tres (3) a seis (6) meses para quienes atraviesen dificultades y crisis financieras

- Cualquier ajuste que se aplique en un período debe basarse en la temporada

- Una vez que hay un caso de ejecución hipotecaria, hay que hacer todos los esfuerzos por ambas partes para recuperar los activos, no para tener "*tratos de favor*" con los amigos ricos.

- Los prestamistas deben tener un período de restauración como en Lucas 19, para devolver a los que fueron tratados injustamente, con el fin de romper la maldición de su organización.

- Que se reduzcan los tipos de interés de todas las hipotecas existentes por encima del 8,5%; ¡para que la gente pueda ser propietaria de su patrimonio, no vivir en la esclavitud!

- Todas las transacciones de negocios deben ser hechas usando los Principios Bíblicos, no para empobrecer a alguien sino para hacerlos caminar hacia una mayor riqueza.

Cuál es su puntuación de crédito en los negocios

El sistema de puntuación de crédito de Estados Unidos lo dicta:

- 500 - Bajo

- 620 - Promedio
- Más de 650 - Buenas

Al observar los negocios, usted ha visto que los dueños de negocios utilizan la Puntuación de Crédito de una persona para determinar si un individuo está calificado para llevar a cabo una transacción comercial. Sin embargo, debes reconocer que este sistema está diseñado para oprimir a los pobres y tiene muchas fallas.

Para llevar a cabo determinadas transacciones comerciales, las empresas cobran un tipo de interés elevado si descubren que alguien tiene una puntuación baja. Estas organizaciones no tienen en cuenta los aspectos cualitativos de la puntuación de crédito, como un período de penurias! No lo hacen porque el Sistema de Crédito fue desarrollado usando métodos, herramientas y procedimientos anticristos y está diseñado para mantener a los pobres pobres y aumentar la riqueza de los ricos - ¡más aún para controlar la riqueza y su distribución!

- ¿Son estas empresas las que pagan los diezmos (Malaquías 3: 10)
- ¿Son estas empresas sembradoras de semillas/donaciones (Génesis 8: 22)
- ¿Se presentan al Señor de las 3 fiestas anualmente
- Honran al Señor con sus Primicias/Incremento (Proverbios 3: 9 - 10: Éxodo 22: 29 - 30)
- ¿Dan condonaciones de deuda cada 7 años?

Dios da la gracia porque estás en una época de gracia! ¿Por qué no dar la gracia a todos los clientes y personas con las que haces negocios?

Si los empresarios no hacen un cambio en su forma de operar, Dios va a usar el mismo sistema en ellos - lo que significa que muchos no calificarán - los grandes negocios tendrán una caída en las ventas. La presencia o la gracia ya no estará allí; la gloria será removida de ellos. Dios da el poder para obtener la riqueza!

Recuperar algo de alguien que ha sido un buen cliente durante años no traerá bendiciones a una empresa. Dios prefiere que se arregle algo con los clientes, para ayudarles a recuperar de pie y sigan siendo buenos clientes, lo que, como sabes, es beneficioso para tu negocio: debe haber compasión en los negocios.

La verdadera pregunta que hay que hacerse es: "¿Están las calificaciones crediticias de estas empresas en regla con Dios?".

Préstamos

En una economía establecida por la Ley del Antiguo Testamento, los préstamos se establecieron para aquellos que sufrieran problemas financieros, pobreza, estrés, especialmente los agricultores que se dedicaban a la agricultura, para ayudar a la gente a salir de la deuda y del problema financiero.

Dios siempre tiene una guía para que sigamos cómo tratar con los préstamos, especialmente en lo que respecta a las viudas. Dios no quería que su pueblo siguiera el sistema de préstamos comerciales establecido por Babilonia para llevar a su pueblo a la esclavitud. Dios dio las pautas con respecto a los préstamos en Levítico 25: 35 - 37 y Deuteronomio 15: 7 - 11.

Dios no quiere que su gente que está involucrada en el negocio de los préstamos cobre a su pueblo y a los cristianos pobres. En cambio, deben buscar extender el favor a estas personas cobrando intereses bajos o sin intereses en los préstamos para que puedan liberarse de las deudas. Las Organizaciones Cristianas de Préstamos y el personal no pueden esperar operar de la manera en que el mundo opera y llamarse a sí mismos cristianos.

Las leyes bíblicas sobre los préstamos hablan de liberar las deudas cada siete (7) años! Además, también habla de la libertad de la esclavitud después de seis años de servicio, según Éxodo 21: 2 y Jeremías 34: 14. ¿Estás cumpliendo estos principios?

Además, los principios bíblicos relativos a la tierra que se encuentran en el Levítico 25, establecen que la tierra que fue quitada a causa de una deuda debía ser devuelta a su propietario original.

La política fiscal

En su estado actual, la política fiscal de Estados Unidos no es favorable al turismo. Es demasiado cara para quienes no son ciudadanos o residentes. Muchos de los que no pertenecen a esas categorías son importantes contribuyentes al desarrollo y crecimiento de la nación. Estas personas tienen mucho que aportar en forma de negocios, proyectos y demás. El impuesto debe ser razonable para que los extranjeros quieran hacer negocios con la nación.

Ahora, gran parte del problema es que el mercado inmobiliario es "poco amigable" en lo que respecta a los extranjeros. Una vez que esto cambie, atraerá a los inversores extranjeros y aportará importantes beneficios a la nación. El impuesto sobre el suelo es especialmente elevado y esto disuadirá a los inversores extranjeros.

Los sistemas de seguros

Es urgente revisar los sistemas de seguros -de salud, de vida, de vehículos y de vivienda- de todo tipo y a todos los niveles. Tal y como están las cosas, son demasiado caros y especialmente inasequibles para los pobres. Hoy en día, incluso los que están "los ricos" tienen dificultades para pagarlo y esto puede provocar graves problemas de salud en el país.

Capítulo 7

NEGOCIO

Una organización no se sustenta en el edificio o en el tamaño del mismo. Una organización se construye y se sostiene gracias a las personas: la mayor inversión que puede hacer cualquier organización es invertir en las personas construyéndolas. Jesús lo demostró al formar a sus discípulos. Los dotó de autoridad para llevar a cabo el mandato de la organización mediante la formación y el desarrollo del personal. Muchas organizaciones se encuentran en problemas ahora porque no se puso gran énfasis en la formación y edificación de los miembros del personal y en el fortalecimiento de la organización. Han gastado mucho dinero en ello:

- Marketing La organización
- Desarrollar la propiedad física
- Desarrollar planes estratégicos para aumentar las ventas

Sin embargo, se gastó un mínimo en el aspecto más importante de la organización: ¡las personas!

Si quieres tener éxito en los negocios no hay un gran secreto para el verdadero éxito - ¡utiliza los Principios Bíblicos!

Reconozcámoslo:

- Dios busca a los empresarios que no están en el negocio sólo por el dinero, sino que realmente tienen al cliente en el corazón.

- Los empresarios deben hacer sus negocios con compasión, no sólo por las comisiones que obtienen.

- Dios busca gente de negocios, que haga lo necesario para proteger a sus clientes, no sólo durante un momento, sino durante toda la transacción y la relación.

- El sector empresarial está siendo devastado por las prácticas empresariales injustas y la codicia. La codicia es la raíz de los problemas en las empresas.

Las preguntas son entonces:

- ¿Está Dios recibiendo su parte de los grandes negocios?

- ¿Tiene Dios un lugar en los negocios?

- ¿Recuerdas que es Dios quien da el poder para conseguir la riqueza?

- ¿Por qué ocultar información clave a los clientes? Por ejemplo, sus derechos y la mejor manera de realizar las transacciones. En cambio, las organizaciones realizar las transacciones y restarle importancia a la letra pequeña que está diseñada para atrapar al cliente.

Cuando las empresas funcionan de tal manera que traen dolor o daño a los inocentes y a los pobres, hay consecuencias que serán impuestas por los Jefes de los Negocios - el Presidente que es el Padre, el Presidente que es el Hijo, y el Jefe de Operaciones (COO) que es el Espíritu Santo!

Los empresarios deben reconocer que obtener beneficios a costa de los demás, estafando a la gente o engañándola, les traerá beneficios que no durarán y consecuencias que sí lo harán.

Beneficios

Es un término de gran interés y puede definirse de varias maneras:

- Una ventaja o beneficio
- Obtener ventajas o beneficios
- Progreso o avance
- Beneficio financiero o exceso de rendimiento sobre el gasto

- El saldo positivo que queda en una empresa después de deducir los costes

Verás varias cosas al leer Isaías 48: 17:

- Es el Señor el que te hace y te enseña a sacar provecho.

- Dios es el que te guía en la dirección correcta, para que puedas sacar provecho

- Es Dios quien ha hecho que aprendas que puedes sacar provecho
- Es el Señor quien te da ideas de negocio para obtener beneficios.

- Dios da comprensión

- Para obtener más beneficios de esa ganancia, debes sembrar el 10% de esa ganancia.

Génesis 26: 13 revela que hay tres (3) etapas de ganancias que Dios quiere que hagamos en los negocios.

- Prosperar

- (Continuar) Prosperando

- (Llegar a ser) próspero

Ahora, para que usted pase de un nivel a otro en los negocios o en el ministerio, debe estar dispuesto a hacer lo que se hizo en Génesis 26: 12 - sembrar para poder cosechar esa bendición cien veces mayor.

Según el versículo 14, Jacob obtenía entonces grandes beneficios -para poder aumentar su negocio- en rebaños,

rebaño, gran número de servidores. Tú también verás cómo se multiplican tus bendiciones para que puedas expandirte en sus riquezas, en bienes y recursos.

Para que usted tenga ganancias debe entender que en última instancia, es la bendición del Señor. (Deuteronomio 28; Génesis 26: 12) Ahora para mantener tu ganancia siempre debes pagar tus Diezmos, de acuerdo a Malaquías 3: 10 - 11, para evitar que el devorador se coma tu margen. Recuerde, sus diezmos son sus primas de seguro para que usted y sus bienes se mantengan protegidos.

Es extremadamente importante que los Nuevos Millonarios sepan esto - ¡no busquen obtener ganancias por medios deshonestos! Ezequiel 21: 12 - 13 explica. Hacer ganancias deshonestas es un pecado contra Dios! Esto incluye:

- Aceptar o pagar sobornos
- Derramamiento de sangre inocente
- La utilización de la usura
- Prestar dinero a tasas exorbitantes
- Fijar los tipos de interés muy por encima de la ley
- Participar en la extorsión

- Conseguir dinero a través de cualquier otro medio ilegal

Según Isaías 22: 2, es deber de los siervos de Dios y de los profetas juzgar a los que se lucran deshonestamente.

Isaías 2: 14 - 15, debes entender que viene un tiempo en el que el Señor juzgará a los que lleven a cabo este acto. Éxodo 22: 9 nos dice - no oprimir a los extranjeros.

Éxodo 22: 25 te dice que no prestes dinero al pueblo de Dios a grandes intereses para que sufra. Es un pecado contra Dios. No seas como los malvados prestamistas.

Lucas 9: 25, Mateo 16: 26 y Marcos 8: 36 - 38 os dicen que no os beneficia ganar el mundo entero y perder vuestras almas. El mayor beneficio es asegurar que tu alma está bien y llegas al cielo. No perdáis vuestro camino y vuestra alma por las riquezas y los bienes.

Según Hechos 16: 16, I Samuel 28: 3, y I Samuel 28: 7, Dios no quiere que te lucres con la adivinación o la predicción.

En el libro de los Hechos de los Apóstoles 19: 21 - 41, se obtuvieron grandes beneficios y se entregaron a los artesanos. La diosa griega, Diana, significa amor y fertilidad. La gente gana millones con el comercio del sexo. También adoran el sexo, venden millones de productos relacionados y se dedican a la prostitución, la homosexualidad, el lesbianismo, los cambios de sexo, los clubes relacionados con el sexo, los juegos y la pornografía. Se ganan millones con este comercio.

En Hechos 19: 25, verás que mucha gente estaba teniendo su prosperidad de ese comercio. Estaban obteniendo grandes beneficios de la fabricación de imágenes y objetos sexuales, así como estatuas - no solo en Asia, sino en todo el mundo en nombre de Diana. Dios quiere que su pueblo los saque del negocio; las ganancias que están haciendo están secando los diezmos y ofrendas de Dios. Están siendo utilizados para luchar contra la iglesia. El espíritu del anticristo lo utiliza para financiar su mandato.

Hay que atacar este comercio que está haciendo millones, trayendo maldiciones a la tierra, rompiendo familias cristianas y causando penurias!

Este versículo de la Escritura también te ayuda a ver que no toda la prosperidad proviene de Dios. Para la mayoría de los países su crecimiento económico es el resultado de sus ofrendas a la diosa del amor y la fertilidad, Diana. Estas naciones obtienen ganancias millonarias de sus industrias turísticas. Muchos utilizan los casinos como disfraz para llevar a cabo este comercio en sus países. Pero aunque presuman de crecimiento, ¿en qué se basa su crecimiento?

Por miedo a perder su comercio de prosperidad, oprimen a los cristianos y a las iglesias de su país. Establecerán leyes de zonificación en un intento de detener a la Iglesia!

Las empresas de marketing y de medios de comunicación ganan millones con ese comercio también a través de la publicidad. Las industrias cinematográficas ganan miles de millones. ¿De dónde proceden todos estos beneficios y a dónde van a parar?

- Políticos corruptos
- Compra ilegal de armas

- Operaciones inmobiliarias fraudulentas

- Perversión de la justicia

Santiago 4: 13 - 16 es imperativo, para aquellos que se jactan y hacen planes para comprar y vender y obtener ganancias - sin consultar a Dios. Nadie sabe lo que va a pasar mañana; por eso Dios debe ser lo primero y lo más importante en tu vida. Debes decir siempre: "*Si el Señor quiere*".

Margen

Ahora bien, al leer Lucas 19 y Mateo 25: 14 - 29, revelan que el Reino de los Cielos ***debe*** ser necesariamente operado de manera comercial. Dios desea obtener ganancias, aumentar lo que te da. El quiere que tu manejes tus recursos de acuerdo a Lucas 19: 13 - haz negocios hasta que el regrese. Ahora, no importa la naturaleza del negocio, ya sea secular o religioso. Hay un principio a seguir. Dios está buscando el doble de ganancias en sus inversiones; ¡Él está buscando el interés! Él no está mirando la cantidad de acciones o rebaños que tienes en el negocio o en Su casa. Lo que Él realmente está mirando es Su margen, porque esto es donde usted ve su verdadera ganancia que se hace.

Una empresa más pequeña tiene el potencial de obtener mayores beneficios que las grandes empresas en función del volumen y el margen. El margen se refiere al porcentaje de aumento obtenido. Una iglesia con 300 miembros puede obtener un mayor margen de beneficio para Dios que una iglesia con 25.000 miembros. Por ejemplo:

La definición básica de ventas del término *margen* es *la diferencia entre el precio de venta de un producto y su coste, el porcentaje de margen de beneficio.*

En las inversiones, el dinero o el valor que un cliente deposita en un corredor cuando compra valores a crédito; es la cantidad que un cliente deposita cuando compra o vende un contrato de futuros.

Ahora veamos el margen en la Biblia. En el Libro de los Jueces, Gedeón fue llamado a levantar un ejército. Había un total de 32.000 - en los negocios muchas acciones; y en el ministerio, muchos rebaños (una mega-iglesia).

En los negocios, usted puede tener muchas acciones, pero no mucho valor. En el ministerio puedes tener un gran rebaño que está temeroso, como en Jueces 7, y que no produce, no saca provecho de lo que se le da.

Dios mira el margen

En Jueces 7: 4, los números bajaron de 32000, a 10,000 y después de la prueba, el número bajó de 10,000 a 300 según el verso 6. Sólo 300 lo lograron; Dios eligió a 300 para luchar y esto reveló el margen, porque los 300 de Gedeón produjeron una ganancia mayor que la de los 32.000 o los 10.000, ya que los 300 derrotaron totalmente al enemigo.

El margen de ganancia es la clave y el margen es lo que te da la ganancia. Si todo el pueblo de Dios empezara a tener una reducción de costes de sus facturas, y todo lo relacionado con los costes para conseguir un mayor margen entonces podrán dar más a Dios. Ellos serán bendecido y caminará en una gran riqueza. Esto es ganar un extra reduciendo los costes.

Reducción de costes y gestión de recursos

Es necesario que hagan un mayor esfuerzo para administrar sus recursos. Como nuevos millonarios debéis daros cuenta de que todo lo que ahorráis os pone en posición de dar más a Dios. Eso significa que tendrán una mayor inversión y por lo tanto una mayor cosecha.

Por ejemplo, si tu factura de electricidad es de *120 dólares* mensuales, haz lo que puedas para reducirla en *40 dólares* para que sólo pagues *80 dólares* mensuales, y siembra esos *40 dólares* en el Reino de Dios. El número '*40*' significa '*dominio*'. Esa semilla de $40 puede llevarte a un estatus multimillonario!

Compras al por mayor

Además, incluso las iglesias deben recortar gastos y ahorrar para sembrar más o ganar más almas, ¡dar más a Dios, no a los injustos! Recuerda siempre que Dios no tolera el despilfarro. Hay que agotar todos los recursos antes de llegar al sobregiro.

Siempre es más barato hacer las cosas a granel que hacerlo en pequeñas cantidades cada vez. A menudo es mejor comprar a granel: alimentos, ropa, zapatos, gasolina, incluso vehículos. También es aconsejable cocinar a granel, porque estas cosas reducirán el coste de forma significativa. Compre gasolina a granel. Llenar el depósito resulta más barato que comprar poco a poco.

Una mejor gestión para una mayor cosecha

La mayor inversión que puedes hacer es invertir en el reino. Así, a medida que reduzcas los costes, tendrás la oportunidad de obtener un mayor rendimiento. He aquí algunos ejemplos:

- Reduzca las compras de ropa y calzado para poder regalar, e incluso recibirá una cosecha más rentable.

- Parte de la responsabilidad de la gestión de la producción de un ministerio es garantizar que Dios reciba la totalidad de los costes operativos. Por ejemplo, el Ministerio de Radio/Televisión conlleva un coste importante. Si no hay un patrocinador, asegúrese de recuperar el costo mediante la venta de las cintas de la transmisión o del propio Mensaje.

- Tanto los CD's como las cintas de mensajes pueden ser convertidos en un libro, que se venderá e irá delante de ti para abrirte puertas. Dios quiere que seamos conscientes de los costos y que seamos eficientes, porque en el manejo de nuestras operaciones no debe haber desperdicio en el ministerio. Todo debe ser hecho cuidadosamente y con sabiduría en toda la operación.

- Ten siempre dos cuentas - una de la cual pagas tus cuentas y la otra de la cual siembras tu semilla. Siempre paga tu 10%, tu Diezmo según Malaquías 3: 10 y trata de enviar otro 10% para cubrir a tu familia.

- Mantenga siempre un registro de lo que recibe y lo que paga como donaciones. Es muy importante para llevar un registro a cualquier nivel, ya sea individual o corporativo.

- Los ministerios deben saber quiénes son sus diez (10) principales diezadores. Del mismo modo, otras organizaciones deben ser capaces de identificar a sus diez (10) principales clientes, partidarios o donantes, y deben ser tratados de manera diferente.

Ahora bien, Dios juzga cuando tienes lo poco para ver cómo administrarás la abundancia - Lucas 16:10

Capítulo 8

GESTIÓN DEL DINERO EN LA EMPRESA

La gestión de sus finanzas en los negocios es el elemento más crítico y la decisión que tome puede hacer o deshacer su negocio.

Para que alguien pueda administrar el dinero correctamente, primero debe buscar la sabiduría y la guía del Espíritu Santo, que es el Consejero Principal de nuestro éxito financiero. El Espíritu Santo te ungirá en términos de Cómo administrar tu dinero correctamente, especialmente cuando estás operando con un presupuesto ajustado.

Por ejemplo, ¿qué harías en una situación en la que hay muchas facturas que pagar, además de otros gastos y salarios, cuando no tienes suficiente para cubrir esas facturas y gastos?

Deberá hacer todo lo posible para asignar o "*repartir*" sus fondos en función de la urgencia de las facturas en cuestión y pagar primero las más importantes.

- Compruebe las fechas de las facturas para ver si hay algún periodo de gracia.

- Vea si puede haber algún acuerdo con alguno de sus acreedores para pagar una parte de la cantidad, de modo que el saldo que tenga pueda utilizarse para hacer frente a algunas, si no a todas, las demás facturas que tenga pendientes.

- Llama siempre a tus acreedores para ver qué acuerdo se puede hacer cuando te retrasas para reducir los intereses. Comunícales que sabrán que te enfrentas a un problema de liquidez o financiero.

- Intenta ser cortés, porque ellos tienen la llave. Hazte amigo de ellos; con el tiempo te aconsejarán sobre algunas oportunidades muy importantes que están disponibles y de las que no eras consciente.

En toda situación difícil, siempre hay una salida. Adicionalmente, usted necesita orar por el Favor de Dios (FOG) diariamente, con los socios de negocios - cualquier persona con la que usted hace negocios.

- Ayuna y reza! Se recomienda el ayuno de Ester para obtener un gran favor.

- Siembra semillas de todo en tiempos de dificultad!

También es imperativo que tan pronto como surja una dificultad financiera, usted necesita preguntar a Dios la naturaleza del problema, cuál es su solución, y si las puertas están sin abrir como resultado de no diezmar o no sembrar, por ejemplo. Tal vez su registro o contabilidad no está en orden. Tal vez hay una maldición, o alguien en tu casa o alguien conectado a ti de alguna manera, que ha metido la pata o ha pecado. Tal vez la brujería ha entrado en la ecuación o puede ser que usted, a sabiendas o sin saberlo, está utilizando su dinero para patrocinar actividades pecaminosas. Incluso podría ser como resultado de adulterio, fornicación, falta de integridad, personal equivocado empleado para los puestos, o simplemente la necesidad de un buen y honesto contador!

Para que usted dirija un negocio de manera eficiente debe haber una persona financiera ungida que tenga la visión profética para ayudar a su organización financieramente. Ellos deben ser capaces de poner un plan en su lugar para hacer frente a los problemas de flujo de caja.

Te preguntarás: "*¿Cómo puedo rectificar la situación rápidamente si no cuento con esa persona?*".

Tienes que rezar y pedir al Señor que te dirija a esa persona o que la dirija a ti.

- Deben ser fuertes en el área de la administración, especialmente en las áreas de resolución de problemas financieros y operativos. Esto ayudará a mantener su empresa a flote y en el camino de la prosperidad.

- Deben ser capaces de tomar decisiones rápidas e inmediatas en caso de crisis, como por ejemplo, si la empresa debe o no hacer publicidad y dónde hacerlo para propiciar un mayor aumento de las ventas.

Todas estas son decisiones críticas.

También tendrá que decidir si el director aceptará o no el salario durante la crisis.

Dinero y prosperidad - Zacarías 1

Dios está reuniendo a su pueblo para equiparlo en las áreas de riqueza para financiar su obra en la tierra. Él quiere levantar a esos individuos en el Cuerpo dentro de la iglesia local para financiar la visión. La visión no puede ser financiada sin dinero y debes darte cuenta de que cada uno de nosotros ha nacido con un propósito. Por lo tanto, es fundamental que lo descubras:

- ¿Cuál es mi propósito y cuáles son mis dones y talentos? (Mateo 25: 14; Éxodo 35 - 36)

- ¿Dónde debo ir a servir con mis talentos? (Deuteronomio 12; Deuteronomio 28)

- ¿Dónde debo ir para desarrollar mi propósito, mis dones y mis talentos? (Efesios 4: 11 - 12)

- ¿Bajo qué visión debo alinearme? (Deuteronomio 12)

En nuestra búsqueda por identificar y cumplir nuestro propósito, también debes entender que:

- Dios es el que te coloca donde hay vacantes.

- Él sabe dónde es mejor que estés para que puedas ser utilizado para el éxito y para Su gloria.

- Dios no te coloca donde hay exceso de personal. Él te coloca donde hay necesidades para Su voluntad y propósito; tanto para tu vida como donde la visión lo requiere. Recuerde que toda la viña pertenece a Dios y Él es la persona de recursos humanos que se ocupa de la colocación.

Colocación divina

Hay muchas personas que Dios quiere usar en el Cuerpo de Cristo al máximo, pero están en la organización equivocada. Esa organización no tiene vacantes para lo que Dios ha puesto en ellos y así, no sólo están subutilizados, sino que esa organización está ahora con exceso de personal y no puede realizar la visión que Dios ha puesto en el visionario para esa organización. Como resultado, mueren espiritualmente, sin siquiera darse cuenta de quiénes son realmente y cuál es su asignación para cumplir el propósito de Dios en sus vidas.

Dios quiere colocar a su pueblo estratégicamente, ¡pero no están caminando en obediencia! Prefieren ser parte de lo que ven con sus ojos naturales y no prestan atención a lo que Dios quiere que vean con sus ojos espirituales!

Ahora debes entender que Dios te bendice porque quiere que seas una bendición para otros. De la misma manera que Dios te da dones espirituales, debes entender que el don de Dar/Ayudar (I Corintios 12: 28), es un don dado por Dios con el propósito de financiar Su Obra. Lo que significa es que no todos son llamados a Profetizar o se les ha dado el don de sanar, por ejemplo, pero su don puede ser el de dar a la Obra del Señor - ¡para financiar la difusión del Evangelio! (Romanos 12: 3 - 8).

Ahora bien, si una persona tiene el don de dar, entonces Dios va a bendecir a esa persona con riquezas para que pueda servir a Dios con ellas dando a Su obra. Entienda que al dar a la obra del Señor, esa persona está servir a Dios; y como resultado, Dios aumentará su don añadiendo otros dones si permanece fiel. Por ejemplo, si una persona con el don de dar (don de ayuda) permanece fiel, entonces Dios puede recompensarlo con el don de liderazgo además de eso. Esto le permitira adquirir mas negocios, nuevos contratos, mas o nuevas puertas que se abran y nuevas ideas, lo cual traera un incremento y cosechara millones y hasta miles de millones en y para el Cuerpo de Cristo! Todo esto para que no falte para llevar a cabo Su obra! Además de esto, las personas también podrán ofrecer más empleo al pueblo de Dios para que no tengan que luchar o pasar por una molestia y se distraigan de hacer la obra de Dios y, en última instancia, ¡también prosperarán!

Dios quiere que el Cuerpo ore para que Él levante y envíe personas con el don de dar en los últimos tiempos para financiar la Obra.

Es interesante que el don de dar y otros dones como el de liderazgo, son los dones más ignorados en el Cuerpo, y son los dones más necesarios en el Cuerpo de Cristo. Es el deber de la iglesia orar, identificar y equipar a las personas para la tarea que tienen por delante. No todos serán bendecidos con todos los dones, pero todos los dones están relacionados y se necesitan mutuamente para funcionar correctamente. (Romanos 12: 4 - 5) ¡Un solo cuerpo en Cristo!

Dios quiere un cuerpo sano

La única vez que el Cuerpo de Cristo caminará en poder y abundancia es cuando todos los dones comiencen a operar juntos. Cuando eso suceda, entonces el Cuerpo funcionará sin '*coágulos de sangre*' y sin enfermedades. En cambio, funcionará de forma saludable y sin problemas.

El cuerpo, tal y como está hoy en día, funciona mal porque todas las partes del cuerpo no están funcionando al máximo.

Todas las partes necesitan estar presentes y funcionando, y es el papel de los Apóstoles conseguir que todas las partes del Cuerpo funcionen para que pueda haber perfección, dominio, salud, poder, que el Cuerpo pueda llegar a ser invencible - entonces el enemigo ya no tendrá éxito con la estrategia de "*Divide y vencerás*" contra el Cuerpo de Cristo. Sólo cuando todas las partes del Cuerpo de Sión funcionen volverá la verdadera prosperidad.

Romanos 12: 8 nos dice:

"*El que exhorta, en la exhortación; el que da, con liberalidad; el que dirige, con diligencia; el que muestra misericordia, con alegría*"

La palabra "*liberalidad*" significa "*entrega gratuita; libertad de prejuicios; munificencia; generosidad; generosidad*".

Sólo cuando el Cuerpo funcione como uno, la gente caminará en la autoridad y el dominio "*más que suficiente*". Los Apóstoles se dieron cuenta de esto, como se indica en el Libro de los Hechos. Ellos se dieron cuenta que no podían ser efectivos a menos que los dones funcionaran como uno - ¡todos los dones! Por eso en Hechos 2: 42 - 47 y Hechos 4: 32 - 37 o incluso en Hechos 5, cuando la gente vendió sus posesiones y las puso a los pies de los Apóstoles no hubo ninguna carencia entre ellos. Estaban unidos, estaban juntos y de acuerdo y tenían todo en común.

Al leer Zacarías 1: 15 - 17, verás que Dios tiene celo por Jerusalén y Sión. Él quiere que se arrepientan, ya que está dispuesto a extendernos su misericordia. Él declara que Su casa será edificada! El término '*edificado*' significa '*construido, fundado, establecido, obtenido - hijos, familia, ciudad, casa, sala del templo, puerta, altar*'. Para construir algo - cualquier cosa - se necesita dinero! No se puede construir sin financiación; ¡incluso para construir para las generaciones futuras!

David, cuando estaba a punto de pasar el plan del templo a su hijo Salomón para que lo construyera para las generaciones futuras, ¡dio de sus posesiones personales para construir! Dios busca que su pueblo dé grandes riquezas para construir!

Dice en el verso 17 que:

"... *Mis ciudades volverán a extenderse por la prosperidad; el Señor volverá a confortar a Sión y volverá a elegir a Jerusalén*"

Eso significa que traerá a su pueblo la paz, así como el alivio de la pobreza, la enfermedad y el pecado.

He aquí algunas Escrituras de las que hay que tomar nota.

Isaías 40: 1 - 2	que hablan de la guerra espiritual y de que el Señor nos perdonará y nos dará el doble.
Isaías 51: 3	que habla del "*Consuelo*" (Véase también el Salmo 23: 4)
Isaías 14: 1 - 2	que habla de cómo el pueblo de Dios gobernará a sus opresores
Zacarías 2: 6 - 12	que hablan del futuro de Sión y de cómo Dios tomará y dará a su pueblo. Los versos también hablan del hecho de que aquellos que saquean al pueblo de Dios serán ellos mismos saqueados.

El Salmo 102: 16 - 17 que muestra que Dios escuchará la oración de los indigentes

Capítulo 9

EL LIBRO DE LUKE

Jesús en los negocios y las finanzas

El libro de Lucas presenta a Jesús como el Salvador del mundo y la luz de los gentiles.

Ahora bien, si Jesús es el Salvador del mundo (Lucas 2: 32), entonces lo es en todos los ámbitos, incluso donde hay obstáculos en los negocios y las finanzas, ¡y eso significa que tiene las respuestas a los problemas del mundo!

El libro de Lucas contiene los encuentros de Jesús con los ricos comerciantes y recaudadores de impuestos, en relación con el Reino de Dios y con la forma en que deben seguirle, sin que su riqueza se convierta en un obstáculo que les impida entrar en el Reino. También les hace saber que su riqueza sería valiosa para el Reino para establecer el gobierno de Dios en la tierra - para ayudar a los pobres, a los huérfanos y a las viudas.

Jesús llevó su ministerio al siguiente nivel al comenzar a ministrar a los hombres de negocios y a los empresarios sobre el Reino de Dios y cómo debían operar.

Los empresarios y Cristo

Al leer el libro de Lucas verás que Jesús fue a atender al jefe de los recaudadores de impuestos, un hombre muy rico llamado Zaqueo. Él, como todos los demás Recaudadores de impuestos, fue considerado un paria social y fue despreciado porque cooperó con los romanos.

Después de que Cristo atendiera a Zaqueo, éste dio la mitad de sus bienes a los pobres y juró devolver el cuádruple de lo que hubiera tomado por medios inescrupulosos.

Esta Escritura demuestra dos (2) cosas principales:

1. La misión de Jesús era y es buscar y salvar a los perdidos, sin prejuicios.

2. La primera clave de la prosperidad es la SALVACIÓN.

"*Salvación*" significa "*rescate, liberación, liberación, solidez y prosperidad*".

Hay muchas personas ricas de este tipo que están teniendo un cambio de corazón por lo que han hecho en el pasado. Quieren obedecer la Ley de Restitución (Levítico 6: 1 - 5; Números 5: 5 - 7), habiendo robado a otros y desean devolver el cuádruple.

Comercio e intereses

El Libro de Lucas habla también del principio de Comercio e Interés. Este principio se le escapa a muchos como un principio de Dios! Sin embargo, el Reino de Dios también tiene que ver con el Comercio y el Interés, y está ilustrado en Lucas 19: 11 - 27.

Todo lo que Dios nos da, debe haber comercio e interés a cambio - ¡nuestros dones y talentos dados por Dios deben estar involucrados en el comercio y el interés! Cuando Dios nos permite usar nuestros dones y talentos para ministrar a otros, ellos en a su vez reciben el ministerio y se entregan a Dios que les da la salvación. Como resultado, las almas se añaden al Cuerpo de Cristo y los intereses se añaden a nuestra cuenta celestial - la recompensa completa y final se emitirá cuando vayamos a vivir con el Señor eternamente. No obstante, son las principales bendiciones que recibimos en la tierra cuando utilizamos nuestros dones y talentos para el propósito de Dios.

Incluso para plantar una Iglesia, debe haber interés.

Dios trabaja con el número diez (10) con respecto a los negocios. El número diez (10) representa el Diezmo. También representa la economía de Dios. (Lucas 19: 13) Así que si empleas esto como un principio en los negocios, estarías en línea con la economía de Dios y por lo tanto Él estaría obligado a probarse a sí mismo en esta área. Así pues:

- Un Consejo Financiero debe tener diez (10) miembros.

- Cuando se siembra en los negocios se debe sembrar en decenas - 10.000 dólares o 10.000.000 dólares

Y toma nota - observa las diez (10) naciones, las diez naciones que controlarán toda la riqueza del mundo y los negocios/comercio. Hay un significado allí!

Dios quiere que su pueblo comercie para obtener intereses para el Reino. Él siempre está trabajando y promoviendo a aquellos que están recibiendo intereses! Dios no trata con la pérdida, Él trata con el interés y la multiplicación. Él siempre quiere que, según Génesis 1: 28, seamos fructíferos y nos multipliquemos y llenemos la tierra y también que tengamos dominio sobre todos los seres vivos; y ningún fruto o la multiplicación puede venir sin una semilla! Hay una diferencia cuando plantamos para recibir el interés!

Fidelidad

La fidelidad es un ingrediente clave en la multiplicación y la fructificación al comerciar, y es un principio bíblico. Ser fiel trae mayor autoridad, expansión y aumento!

La razón por la que muchas compañías e individuos están experimentando pérdidas es que no están acatando los Principios Bíblicos. La fidelidad a las tareas y el acatamiento de los Principios de Dios es lo que trae el éxito continuo en cualquier empresa!

Ahora, de acuerdo con la Escritura en Lucas 19: 11 - 27, cualquier persona u organización que se niega a su reinado sobre ellos es un enemigo. Mira a Isaías 60: 12 que habla específicamente del resultado de aquellas naciones que se niegan a servir a los que están puestos sobre ellas. Dice:

"Porque la nación y el reino que no te sirvan perecerán y esas naciones quedarán totalmente arruinadas".

Debes entender que si Dios te ha colocado en una posición de autoridad, la negativa de aquellos sobre los que estás colocado a aceptarte como tal es una rebelión y los convierte automáticamente en un enemigo.

En el verso 26, la conclusión de esta Parábola de Minas, hace dos (2) puntos:

- El gobierno de Dios exige intrepidez y riesgo
- El negocio es un riesgo, pero con Dios traerá interés.

Perder lo que se necesita

Lucas 19: 28 - 30, Mateo 21: 1 - 3 y Marcos 11: 1 - 6 nos hacen saber que cuando Jesús tenía necesidad de algo, daba instrucciones a sus discípulos para que soltaran lo que necesitara y se lo trajeran. Para nosotros hoy, lo que el Señor está diciendo es que cuando usted está en necesidad de algo, Él nos ha dado la autoridad para instruir a los ángeles para soltar lo que sea que necesite y traerlo a nosotros.

Cualquier cosa que necesites para el uso del Reino debes soltarla! Jesús en ese momento necesitaba un potro - un potro nuevo para usarlo con el propósito del ministerio. Ese pollino era un vehículo, así que en otras palabras, Él necesitaba un vehículo nuevo para llevarlo a donde tenía que estar y para un propósito específico. Hoy en día, usted puede necesitar un nuevo vehículo o un nuevo edificio.

Jesús enviaría a sus discípulos para que fueran a soltar lo que necesitara. Todo lo que Jesús haría es discernir dónde estaba la riqueza y enviarlos. (Lucas 10 y 19)

Dios quiere que sus líderes envíen gente para ir a buscar los recursos y llevarlos a los líderes que tienen uso de ellos; y como Jesús instruyó, si alguien preguntaba debían decir **"la casa del Señor tiene necesidad de ello".**

En Génesis 24, Abraham envió a su siervo a buscar una esposa para su hijo. Tanto Abraham como sus suegros fueron bendecidos al final del día!

Para que se produzca una entrada triunfal es necesario que haya recursos que lo lleven hasta allí. Parte del éxito de Jesús en ese momento fue el Poder de Dios trabajando a través de Él, su humildad/mansedumbre, sabiduría y amor incondicional. Pero por favor note que la mansedumbre no es debilidad!

Sabiduría económica bíblica

Al leer Lucas 20: 9, verás que en este capítulo se empleó el método de Opción de Arrendamiento que se utiliza hoy en día en el sector inmobiliario.

Lucas 20: 35 - 38 dice:

"Pero los que son considerados dignos de alcanzar esa edad, y la resurrección de los muertos, ni se casan ni se dan en matrimonio; ni pueden ya morir, porque son iguales a los ángeles y son hijos de Dios siendo hijos de la resurrección. Pero incluso Moisés demostró en el pasaje de la zarza ardiente que los muertos resucitan, cuando llamó al Señor 'el Dios de Abraham, el Dios de Isaac y el Dios de Jacob'. Porque Él no es el Dios de los muertos, sino de los vivos, pues todos viven para Él".

Dios quiere que sepamos que no es el Dios de los muertos, sino el Dios de los vivos, ¡porque todo vive en Él! El ministerio de Jesús recibió más apoyo de los recaudadores de impuestos y de los pecadores que de los "*justos*". Sin embargo, Él gobierna sobre las naciones. El Salmo 22: 28 muestra que el Reino es del Señor y que Él gobierna sobre las naciones, y se expone con más detalle en Mateo 6: 13.

Si aceptas y comprendes esta pepita, entonces has recibido un nivel de sabiduría que puede llevarnos a mayores alturas en Dios.

Oración para soltar lo que necesitas

Padre, en el nombre de Jesús, vengo a ti ahora y te recuerdo que tu palabra dice en Mateo 16: 19 que lo que atamos en la tierra está atado en el cielo y lo que desatamos en la tierra está desatado en el cielo. También, en Lucas 19: 30 - 34 dice que Jesús ordenó a sus discípulos que fueran y desataran el potro y se lo trajeran para su uso.

Por lo tanto, Padre, en el nombre de Jesús, mientras me mantengo en tu palabra, envío a los ángeles a soltar vehículos nuevos, aviones, negocios, casas, edificios y dinero para nosotros ahora. Envío a los ángeles para que suelten documentos que mejoren el reino. Envíanos personas, millonarios, Recaudadores de Impuestos y todos los recursos necesarios; libera para nosotros también buena salud, hijos espirituales y naturales, protección de nuestras riquezas y riquezas, acceso a Estaciones de Radio y TV y la unción para riqueza y milagros. Te lo agradezco ahora en el nombre de Jesús! Amén.

Capítulo 10

EL ESPÍRITU SANTO EN LOS NEGOCIOS Y LAS NACIONES

Juan 15: 26 - 27

Al leer esta Escritura entenderás que todas tus ideas de negocio, tus métodos creativos, el aumento de las ventas, la expansión de tu organización ¡vienen del Espíritu Santo!

Al llevar a cabo la reestructuración de nuestras operaciones - justificaciones para recortar costes, salvar puestos de trabajo y aumentar la eficiencia y la eficacia - es el Espíritu Santo el que trabaja en ti, y te da el know-how - la sabiduría. Muchas personas creerán que es su intelecto o su brillantez. Piensan para sí mismos - 'Soy *el mejor y es una gran estrategia de marketing. Por eso funciona*'. No! Es el Espiritu Santo el que le da el poder a la persona para salir con ese descubrimiento o invencion. No importa que religión abraces - seas salvo o no - el Espíritu Santo es el líder, el maestro, el gerente en los negocios.

El ayudante en los negocios

Ahora mira la palabra '*Ayudante*'. La palabra significa '*un Intercesor*'. El intercederá por ti cuando los problemas vengan contra ti, tu negocio y tu familia (ya que todos estamos relacionados) para tu crecimiento y sano desarrollo. Una familia dividida resultará en un negocio en bancarrota. Además, una familia destrozada traerá eventualmente grandes pérdidas para ti y tu empresa, lo que resulta en que tomes decisiones de negocios equivocadas. Por lo tanto, al interceder por usted, Él le asegura que estará protegido del peligro.

El consolador en los negocios

El término "*consolador*" es interesante. Solo piensa en ti mismo en un ambiente frío, un lugar muy frío, y necesitas algo que te cubra del frío - una manta que te mantenga caliente y te haga sentir seguro. Esto es lo que el Espíritu Santo hará; El te mantendrá caliente y protegido; El colocara un cerco alrededor de ti y te guardara de los elementos no divinos que te afectaran Aun en circunstancias difíciles El te confortara para que sobrevivas y salgas adelante - aun cuando los tratos de negocios se vayan al traste; El no permitirá que tomemos decisiones locas.

El consejero en los negocios

El Espíritu Santo actuará como nuestro abogado principal. El será una defensa para nosotros en asuntos legales y cuando se tengan que tomar decisiones críticas de negocios. El pondrá palabras en nuestra boca durante los juicios, negociaciones, negocios y sabiduría para ganar nuestros casos para derrotar al enemigo. El es nuestro Jefe de Justicia, Defensor y Abogado que aparece en la corte a nuestro favor, espiritual y naturalmente, nos enseña la verdad, en cualquier trato que haya y nos da ayuda general, guía, fuerza para soportar la hostilidad de otros competidores y demás. Es el Espíritu Santo el que te habla en esa vocecita que muchos suelen decir, '*algo me dice que haga X*', o '*algo me dice que no debo hacer eso*'.

Abogar por

Planificar estrategias, negocios, competencia en el mercado de manera justa - una vez que es un consejo santo y no malo, es el Espíritu Santo.

Ahora hay nueve (9) dones espirituales que el Espíritu Santo da al Cuerpo de Cristo los creyentes para usarlos para edificar y dar gloria a Dios. Estos dones también deben ser usados en los negocios, por ejemplo, para contratar buen personal para:

- Mejores ventas
- Mayor rendimiento
- Aumento de los beneficios

Una vez que emplee al personal con estos dones, y les dé la oportunidad de utilizarlos para guiar a su empresa - no para vender o prostituir estos dones - entonces habrá hecho una gran inversión para su organización. Esto es particularmente así en:

- Empresas de seguridad
- Las Fuerzas Armadas
- El cuerpo de policía

y otras organizaciones de este tipo que necesitan una visión profética para discernir las situaciones del mercado, el fraude y la filtración de información de la empresa. Estas empresas también necesitarán la perspicacia profética para saber:

- Cómo invertir
- Cuándo invertir
- Dónde invertir
- Qué invertir
- Plazo de la inversión (ya sea a corto o a largo plazo)

Necesitarías el regalo. También reduciría su coste de seguridad y acabaría con los terroristas, porque este regalo le mostraría el peligro que se avecina. Este es el regalo que Estados Unidos necesita para volver a ser la verdadera superpotencia, porque podría ser una herramienta utilizada para asesorar a los presidentes sobre qué tácticas emplear en relación con los negocios a nivel nacional, la seguridad, el bienestar, la preparación para los desastres y qué medidas poner en marcha para las catástrofes; hay necesidad de esos regalos.

Cualquier nación o negocio que se niegue a permitir que el Espíritu Santo, Quien también es el Restringidor, sea parte de, o dirija las reformas y tome las decisiones en la

nación o en los negocios, sufrirá grandes pérdidas; no sólo los negocios, sino que también se perderán vidas. El Espíritu Santo necesita ser ese director de operaciones para su nación, negocio, decisión de seguridad y planes de guerra. Una vez que Él esté involucrado, se perderán menos vidas en cualquier conflicto militar, porque el rey, el presidente o el primer ministro sabrán exactamente qué estrategias implementar, o qué armas usar, si es que las hay, para derrotar al enemigo. (2 Reyes 6: 17 esp. versos 10 - 12)

Ahora bien, si los dones del Espíritu Santo estuvieran en funcionamiento, las previsiones, los presupuestos, las estrategias y los planes de muchas organizaciones serían de tal magnitud que esas empresas no tendrían pérdidas. Esto sería así, porque los que toman las decisiones en la organización sabrían qué incluir en ese presupuesto para evitar pérdidas masivas. También sabrían en qué factores críticos deben centrarse para evitar las catástrofes.

Es el Espíritu Santo el que dio poder a los profetas de la antigüedad para aconsejar a los reyes sobre qué hacer durante la hambruna, como en 2 Reyes 6: 24 - 33 y 2 Reyes 7.

Además, mirando a José, Daniel, Nehemías y muchos otros como ellos que aconsejaron a los reyes, fueron grandes líderes por derecho propio, y fue el Espíritu Santo quien les dio sabiduría. Incluso cuando Jesús estuvo en la tierra - Lucas 4: 18 - 19; Lucas 2: 51 - 52, fue el Espíritu Santo.

Además, fue también el Espíritu Santo quien dotó a Salomón de tanta sabiduría, conocimiento y comprensión. Era un sabio comerciante; muchos viajeros de diversas

partes del mundo venían a ser instruidos por la sabiduría del Espíritu Santo a través de él. Tenía muchos viñedos y sabía de negocios. No pidió a Dios riquezas, sino sabiduría, conocimiento y entendimiento. Estos son dones del Espíritu Santo, que tú también puedes recibir si buscas primero las cosas de Dios. Mateo 6:33 declara que todas las cosas te serán añadidas; una vez que comprendas plenamente el papel del Espíritu Santo en tu vida, negocio y nación, entonces habrá gran riqueza y prosperidad.

Ahora bien, hay muchos espíritus, pero un solo Espíritu Santo que es Dios. Hay muchos símbolos que lo representan:

- Fuego (Hechos 2: 3 - 4)
- Una paloma (Juan 1: 32)
- Viento (Hechos 2: 1- 2)
- Agua (Juan 7: 37 - 39)
- Aceite
- Sello (Efesios 1:13; 2 Timoteo 2: 19)

Palabra de sabiduría

Se trata de un don sobrenatural concedido para cumplir la voluntad de Dios en una situación determinada. Por ejemplo, usted puede enfrentarse a un problema con un cliente y necesita esta sabiduría sobrenatural para salvar la imagen y la integridad de la empresa, *y asegurarse de que* sus clientes quedan contentos con cualquier decisión que se tome. También debe asegurarse de comunicarles, sin este don habrá graves pérdidas.

También te da la sabiduría divina para resolver rápidamente los problemas y un sentido de la dirección divina. La sabiduría trabaja con el conocimiento y el discernimiento.

Palabra de conocimiento

Se trata de una revelación sobrenatural de la voluntad y los planes divinos de Dios; y en el caso de los negocios, con respecto a ellos:

- Enemigo
- Amigo
- Competidor

Además, es una visión o comprensión sobrenatural de las circunstancias o de un conjunto de hechos por revelación, lo que significa que es sin la ayuda de recursos humanos. Es la sabiduría moral para vivir y relacionarse correctamente. Este don le ayuda a entender cómo las cosas de Dios se relacionan con las cosas naturales del mundo. También te ayudará a comprender mejor a tus colaboradores y sus motivos.

Regalo de fe

Esta es la creencia sobrenatural en Dios sin duda. Es el ingrediente clave para:

- Combatir la incredulidad
- Lograr rápidamente cosas que a otros les parecen imposibles
- Afrontar las circunstancias adversas con confianza en Dios
- Hacer realidad las visiones empresariales
- Creer que todo es posible

Regalo de curación

Es la curación sobrenatural sin ayuda humana. Este don se puede utilizar para ayudar a los miembros del personal que están enfermos para poder funcionar eficazmente en el trabajo. También puede utilizarse para ayudar a los clientes que puedan estar enfermos, oprimidos, deprimidos o poseídos por el demonio. Este regalo permitirá a su cliente o a su personal reducir el coste de la medicación y liberarlos de la esclavitud. Al hacer esto, usted tendrá una fuerza de trabajo más saludable, un mejor servicio al cliente, lo que permitirá a su personal y a sus clientes reducir sus facturas de salud e invertir ese dinero en su organización. El personal también reducirá la cantidad que se gasta anualmente en la cobertura del seguro. A través de este regalo, Dios le revelará formas y cosas que puede usar para traer sanación a alguien.

La obra de los milagros

Este es un poder sobrenatural para intervenir y contrarrestar las fuerzas terrestres y malignas. Al hacerlo tendrás mejores negocios y prosperidad, usarás este don cuando las circunstancias estén trabajando en tu contra. También trae autoridad sobre el pecado, Satanás, la enfermedad y las fuerzas vinculantes de esta época.

Ahora debes entender que las fuerzas del mal son reales contra los negocios. La gente también maldecirá o hablará cosas negativas contra su negocio. Este don - la Obra de los Milagros - también te ayudará a salir de la bancarrota. Cuando no hay salida, este don creará milagros creativos en una situación.

Profecía

Esta es una expresión divinamente inspirada y ungida, manifestación del Espíritu de Dios - no del intelecto (I Corintios 12: 7)

Este regalo ayudará a su empresa a avanzar, también le guiará en cuanto a:

- Qué medidas debe tomar para avanzar.
- Lo que Dios hará en un periodo venidero si le obedeces.

Este don es el mejor para guiarte porque está dirigido por el Espíritu Santo. Lo hará:

- Alentarle en una situación difícil para edificación y sabiduría
- Informarle sobre las estrategias que puede preparar. (Curiosamente, incluso puedes preparar tu presupuesto a través del don de la profecía.)
- También revelará quién eres en Dios y las cosas que vendrán para tu vida.

Todas las empresas necesitan este don de profecía para orientarse, etc.

Discernimiento de Espíritus

Poder sobrenatural para detectar el reino de los espíritus y sus actividades, este don te protegerá de:

- Negocios fraudulentos
- Motivos equivocados

y te dice:

- Cómo tratar con sus clientes o socios comerciales
- Cómo funcionar para generar confianza
- Cómo emplear al personal

Una vez que este don está en funcionamiento, no puedes ser engañado fácilmente. Sin este don te dejarás llevar por las artimañas y los engaños de los hombres.

Te da una revelación sobrenatural de los planes y propósitos del enemigo y de sus fuerzas y en qué medida. Este don también le ayuda a identificar las salvaguardias que debe poner en marcha para evitar pérdidas. Muchas veces la gente también tiende a decir algo como: "*¡No confío en esa persona!*". Ese es el don que opera en ti, y al ignorar esa advertencia, bajas la guardia sólo para ser engañado. Aprende a reconocer el don que hay en ti porque con este don también podrás discernir las condiciones del mercado.

Este regalo, junto con los otros dos (2) anteriormente discutidos, puede ayudarte a experimentar verdaderamente el éxito y la victoria.

Lenguas diversas

Este es un regalo necesario en esta época para que todos avancen. Mientras abracéis estos dones, entonces estaréis en el camino correcto para la prosperidad, no perderéis lo que ya habéis recuperado. Es para protegerte del enemigo. Es tu grado espiritual para llevarte no sólo a la cima, sino para darte poder, sabiduría y revelación de los misterios de las cosas según Isaías 45, así como la revelación de los tesoros ocultos.

La música de culto en los negocios

Debes entender que todo lo que ha sido creado, fue hecho para servir y adorar a Dios - todo lo que está bajo el sol, según el Salmo 148, 149 y 150 (especialmente el versículo 6).

"*Que todo lo que tiene aliento alabe al Señor. Alaben al Señor*".

Ahora el diablo desea profundamente ser adorado porque conoce el valor y el poder de la adoración. Satanás era el querubín que había caído e incluso ahora, todavía desea ser adorado, por lo que orquestará diversas actividades y situaciones para que la adoración se dirija a él en lugar de al Dios verdadero y vivo. Cuando alabas a Dios, la presencia de su espíritu está en medio de ti - en el negocio - y la presencia del Señor es introducida en nuestro medio y en nuestro negocio a través de la música de adoración. Otra forma de introducir la presencia del Señor es tener una adoración por la mañana para dar gracias a Dios por cada día. Estos beneficios se acumularían:

- Aumento de las ventas
- Nuevos clientes para la organización
- Mayor beneficio
- Nueva revelación
- Victoria en una tarea difícil

Una vez que usted se niega a tener la presencia del Señor en su lugar de negocios, habrá perdición y problemas y la oscuridad estará sobre su negocio. No habrá crecimiento, el crimen y la violencia se apoderarán hasta que su negocio cierre.

La adoración es lo que trae la luz! Comienza a crear ese ambiente con música de adoración y observa lo que el Señor hará. Es una bendición por la que no tienes que pagar - es gratis. Donde está la presencia del Señor hay libertad. También trae sanidad a tu negocio.

Capítulo 11

PROFECÍAS A LOS EMPRESARIOS

1. Dios pide a los acreedores y dirigentes ricos que restituyan a los que han robado con altos intereses, y a los que les han quitado sus bienes; para que ellos y sus empresas vivan. (Ezequiel 18: 7 - 9)

2. No seguir la instrucción de Dios de restaurar lo que fue robado traerá la quiebra, la pérdida y la ruina (Ezequiel 18: 12 - 13) para usted individualmente y para su organización. Detenga la usura! El no hacerlo resultará en un desastre!

3. En el séptimo año, como en Deuteronomio 15: 1 - 6, debe haber cancelaciones de deudas y esto traerá una gran bendición a su empresa:

    - Expansión del negocio
    - Adquisición de otras empresas por parte de su empresa
    - Ir a otras naciones
    - Aumento de la base de activos

- Aumento de los beneficios
- Nuevas ideas de productos
- Estabilidad y crecimiento incluso durante la hambruna y la recesión

Si las empresas y los líderes quieren sobrevivir, deben restaurar aquellas cosas que han cambiado, como la alta tasa de interés; (Nehemías 5: 1 - 11) que la salvación llegará a su casa. (Lucas 19: 1 - 10) Recibirán estos beneficios:

- Liberación
- Solidez
- Prosperidad
- Felicidad
- Conservación
- Rescate

De acuerdo con Éxodo 22: 25 - 27, Dios está llamando a los prestamistas/acreedores a detener esta alta tasa de interés que está poniendo a Su pueblo en la esclavitud!

De acuerdo con el Salmo 15: 5, deja la usura y sé bendecido. Levítico 25: 35 - 37.

Dios está llamando a su pueblo a sembrar para salir de las deudas y estar libre de ellas. (Génesis 8: 22; Génesis 26)

Busca a Dios primero cuando estés endeudado. (Jeremías 33: 3) Busca al profeta para que te ayude a salir de las deudas. (2 Reyes 4: 1 - 7)

Si, por ejemplo, deseas una casa libre de deudas, siembra un mes de hipoteca. Si deseas un coche libre de deudas, siembra el equivalente a un mes de pago y mira cómo Dios paga tus deudas.

Obedezca la voz de Dios según Deuteronomio 28, y salga de las deudas. La obediencia es la clave número uno (1) para salir de las deudas.

Deuteronomio 24: 6 declara que no debes quitarles el único activo(s) que tenían para usar como garantía de un préstamo. Si no pueden hacer los pagos a tiempo, quitarles su único método para adquirir el pan de cada día no va a mejorar la situación.

Hay dos (2) cosas que debes recordar:

- La falta de perdón te mantendrá en deuda (Mateo 6: 12)

- El miedo y la duda te hundirán en la deuda. (Mateo 14) ¡Mantén tus ojos en Jesús, no en la deuda!

Dios quiere que se establezcan leyes para proteger a los pobres de los préstamos con altos intereses y de las prácticas comerciales injustas. El Gobierno debe poner en marcha Préstamos Periódicos, no Préstamos Comerciales con intereses más bajos durante los tiempos de dificultad, para que puedan sobrevivir y salir de la deuda.

Capítulo 12

TODA LA RIQUEZA PERTENECE A DIOS

Hay varias Escrituras que declaran el simple hecho de que toda la riqueza pertenece a Dios. Una vez que cada Nuevo Millonario entiende lo que esto implica, él o ella está en su camino a la verdadera riqueza.

I Crónicas 29 (especialmente 10 - 16)

Salmo 8: 4 - 8

Salmo 50: 9 - 11

Hageo 1: 1 - 11 (especialmente 6 - 8)

Malaquías 3

Deuteronomio 8: 17 - 18

Todo gobierno y todo individuo debe preocuparse por los recursos naturales de la tierra y de las demás esferas de la vida que la habitan. El dominio otorgado al hombre sobre la tierra nos hace, como seres humanos, responsables de ella.

Siempre debes considerar nuestros caminos cuando buscas usar el dinero del Señor, para tu propósito, y descuidar Su casa y Sus ministerios que buscan cumplir Su misión.

No hay excusa que puedan dar los individuos, las naciones y las empresas para no dar para construir la casa del Señor, cuando toda la bendición, la riqueza y los recursos les son dados por el Señor según Deuteronomio 8: 18. Afirma que Dios es el que da el poder para conseguir la riqueza. *Poder*' significa '*fuerza, vigor, vigor o capacidad*'. *Riqueza*' significa '*sustancia, capacidad o habilidad ya sea física o espiritual*'.

El éxito y el talento son dados por Dios. Moisés advirtió en Deuteronomio 8: 17 que nunca debes decir en tu corazón, tu poder y la fuerza de tu mano te han ganado esta riqueza. Toda la sabiduría, el aumento, el favor, la promoción son dados por Dios. Cuando obtienes una ganancia, es dada por Dios, y cada incremento que recibes Dios debe obtener su porción. Los diezmos son para Dios y las primicias son para Dios. Debes asistir tres (3) veces al año ante Dios con tu regalo las tres (3) fiestas. Si hubiera algún debate o desobediencia entonces tales personas y su visión serían de corta duración. De la misma manera, su desobediencia en esta área hoy causará que usted, su organización y su nación sean de corta duración. Dios habla claramente en Hageo 2: 6 - 8 - que Él sacudirá a las naciones. Él habla que la plata es suya y el oro también es suyo.

Hageo 1: 10 - 11 declara que Dios controla la economía de una nación. Una vez que el hombre no está en conformidad con Dios y Él no está recibiendo su porción, como el inversionista principal, que hace todo posible entonces Él llamará a una sequía, hambruna, recesión grave, así como los desastres naturales y económicos. Tampoco habrá crecimiento. Todas las áreas se verán seriamente afectadas.

Las únicas áreas que encontrarán crecimiento son las que cumplen con las instrucciones de Dios. Esta es la seriedad del llamado de Dios por su dinero que se le debe, no sólo eso, sino que las instituciones financieras y los individuos tendrán que añadir su quinta parte (1/5), según Levítico 27: 31

Si lees Génesis 41: 34, verás que José instruyó al Faraón para que recogiera la quinta parte de la tierra de Egipto en el año de la abundancia.

Ahora entiende que el término "*producto*" significa "*productos manufacturados, materias primas, frutos, cosechas, productos agrícolas y naturales, beneficios o valor monetario*".

Al leer la Escritura te darás cuenta de que Egipto no estaba pagando diezmos, ni estaba dando primicias y sembrando semillas al Dios verdadero y vivo. En cambio, estaban rindiendo homenaje a dioses falsos; como el dios de la fertilidad, al que creían responsable de su riqueza. Muchos millonarios y negocios ricos están canalizando su dinero o dando a la fuente equivocada, sin darse cuenta de que Dios debe recibir su porción.

En el libro de Malaquías 3, Dios afirma que será un testigo rápido contra todos los que afectan a la Economía:

- Hechiceros

- Adulteradores

- Perjuradores

- Explotadores

Ahora, en Malaquías 3: 5, Dios declaró específicamente que estaría en contra de las naciones que explotan a los asalariados, a las viudas y a los huérfanos, y en contra de los que rechazan a un extranjero. Al leer esto, usted verá similitudes con la forma en que operan los sistemas de inmigración dentro de las naciones. La forma en que una nación trata a los inmigrantes afectará a la nación y traerá juicio sobre la economía.

Como muchos pueden ver en Malaquías 3: 8 - 10, Dios se dirige claramente a las naciones e individuos con respecto a robar a Dios. El robo es un crimen en cualquier reino - natural o espiritual. Cuando una persona lleva a cabo un robo, si es encontrada culpable, será sentenciada por las leyes naturales. Es altamente hipócrita cuando los individuos y las naciones buscan mantener estas leyes naturales, sin embargo están llevando a cabo actos criminales de robo contra Dios cuando descuidan o se niegan a dar sus Diezmos y Ofrendas. No se dan cuenta de que el mismo principio se aplica cuando se trata de las cosas de Dios. Ellos no se dan cuenta que las cosas están tomando lugar dentro de la Corte Celestial y la sentencia toma lugar tanto en individuos como en naciones concernientes a asuntos tales como:

- Crimen

- Hambre

- Malas condiciones económicas

- Injusticia

- Maldiciones
- Plagas
- Sin crecimiento

Recuerda que Dios es quien da las bendiciones en primer lugar, así que devolverle a Él debería ser un placer.

Cuando no pagas los impuestos a tu institución fiscal, hay una penalización por retraso en los pagos y asuntos legales que recuperar. Ese es el mismo principio del que habla Malaquías 3: 6, y Dios no cambia en este aspecto. Malaquías 3: 10 claramente delinea que "*... todos los Diezmos deben ser traídos al almacén...*", y la iglesia local es el almacén. Esto para que "*... haya alimento en mi casa, y pruébame ahora en esto*". Por lo tanto:

- Los pastores de Dios recibirán buenos salarios
- Se ganarán almas
- Sus asuntos en la tierra serán atendidos
- Los pobres serán alimentados

Cualquier intento hecho por los líderes mundiales por medio de leyes puestas en marcha para detener las instrucciones de Dios con respecto a Su dinero que entra a través de las naciones, debe ser capaz de lidiar con las maldiciones/juicio sobre la economía.

Adicionalmente, cualquiera que trate de poner leyes para secar los Diezmos del pueblo, estará y debe estar listo para enfrentar la ira del Dios vivo y verdadero. Las naciones se desmoronarán.

Los individuos y las naciones deben reconocer que los que luchan contra la prosperidad de la Iglesia también se encontrarán con la ira de Dios porque todos pertenecen a Dios.

Dios está ahora construyendo su reino no para el hombre, sino para Él mismo. El reino pertenece a Dios. I Crónicas 29 nos lo hace saber y nos da indicaciones a seguir.

- I Crónicas 29: 2 te muestra que Dios quiere que su pueblo prepare, con todas sus fuerzas, las cosas (incluyendo el dinero) necesarias para construir la Casa de Dios.

- I Crónicas 29: 3 te anima a poner tus afectos en la construcción de la Casa de Dios. Cuando lo hagas, darás más que suficiente.

- I Crónicas 29: 5 revela que todos los que van a construir la Casa de Dios deben consagrarse santamente al Señor.

- I Crónicas 29: 6 - 7 revela que los líderes deben ser los primeros en estar dispuestos a dar para construir la Casa del Señor.

- I Crónicas 29: 9 revela que la gente debe tener un corazón leal y debe ofrecer voluntariamente para construir.

Dios siempre pone a prueba los corazones de los líderes primero para ver si darán de buena gana, según I Crónicas 29: 17. El mismo espíritu en la cima de la jerarquía es el mismo espíritu que se encontrará en la base. Ora para que la gente tenga un corazón leal para dar.

Las categorías que sostenían el Ministerio de Salomón según 2 Crónicas 9: 14 eran:

- Comerciantes ambulantes
- Comerciantes

Dios presta mucha atención a estas categorías de trabajadores porque está dispuesto a bendecir si ellos bendicen su casa. De hecho, en Proverbios 8: 13 - 21 se habla de las bendiciones dadas por Dios a los que le aman y de las riquezas que heredarán.

Además, no se debe intentar gravar a los ministros de Dios como en Mateo 17: 24 - 27, ellos son hijos. Los reyes y líderes de la tierra no gravan a sus hijos, sólo a los extranjeros. Tú estás entre los hijos, y Jesús reclamó la exención de impuestos como hijo de Dios que es el Rey del universo. La única razón por la que Jesús pagó fue para no ser tachado de profano e irreligioso.

El poder de obtener riqueza - Deuteronomio 8

Dios nos da el poder de conseguir riqueza. Ahora muchas empresas están culpando a los bancos por lo que está sucediendo. Ahora bien, si los bancos siempre están ganando millones con éxito, ¿por qué se les culpa cuando fracasan? ¿Por qué no mirar el panorama general? Los negocios son una reacción en cadena. Ahora Dios nos deja saber que Él está en control de todas las transacciones de negocios. No importa lo brillante que sea la humanidad,

¡sin Dios los negocios no llegarán a nada! Los bancos fueron estructurados para hacer millones de la aplicación de altos tipos de interés. Pero qué hacían los bancos con los grandes beneficios:

- ¿Consiguió Dios su porción?
- ¿Se beneficiaron los pobres?
- ¿Usaron las ganancias para patrocinar cosas malas que ofenden a Dios?
- Cuando disfrutaban de los beneficios, ¿se llevaba Dios la gloria?

Además de esto:

- ¿Cuántos bienes han quitado a los pobres y han vendido a sus amigos como se hizo en Nehemías 5?
- ¿Has tomado nota de la Escritura de Habacuc 2: 5 - 11 que habla del saqueo?
- ¿Qué dice la Escritura en Job 27?
- ¿Creen los empresarios que la palabra de Dios caerá al suelo?
- ¿Qué pasa con el tiempo de la semilla y la cosecha según Génesis 8: 22?

Muchos dirán que dan a los pobres pero si das a los pobres das al Señor. Pueden dar a los pobres, pero se niegan a dar a Dios sus diezmos y ofrendas según a Malaquías 3: 10. Por lo tanto, ya no se beneficiarán de las siete (7) bendiciones de arriba.

Prácticas comerciales justas

Dios quiere que las empresas sepan que Dios está a cargo de su éxito, no ellos. Ya no serán los negocios como de costumbre. Los economistas no podrán predecir esta hambruna; no hasta que vuelvan a lo básico y miren el fundamento de la prosperidad.

Ni los empresarios ni los líderes políticos tendrán éxito si no piden consejo a los siervos de Dios.

- Los bancos dan la cancelación de la deuda para que puedan recibir una bendición - de acuerdo con Deuteronomio 15, Mateo 6: 12 y Mateo 18: 21 - 35.

- ¿Sobre qué principios operaban los bancos y otros negocios? ¿Con los del hombre o con los de Dios? A menos que se vuelva a los principios bíblicos, entonces más bancos y negocios cerrarán.

El Salmo 10: 4 dice:

"*El malvado, con su rostro orgulloso, no busca a Dios; Dios no está en ninguno de sus pensamientos*".

La secularización de cualquier nación, con su eliminación de cualquier movimiento de Dios en sus escuelas, negocios o política es un paso hacia su caída y juicio final.

Si niegas a Cristo en la tierra ante los hombres, lo mismo te ocurrirá a ti. Mateo 10: 32; Lucas 12: 8 -9 incluyendo tu negocio.

Capítulo 13

CLAVES DE LA RIQUEZA

Algunas personas querrán buscar tu consejo piadoso, pero no querrán ser vistas contigo en público. Tienen miedo de lo que dirán sus colegas, según Juan 3. Vendrán a ti de noche, como hizo Nicodemo. Nicodemo sabía que Jesús no podía hacer estos milagros a menos que Dios estuviera con Él. Sin embargo, sólo visitó a Cristo por la noche.

A veces, cuando se ve que Dios derriba una organización, a través de la bancarrota, por ejemplo, es para nuestro beneficio y para el de la nación también. Esto es así porque la mayoría de estas organizaciones patrocinaban o apoyaban actividades malvadas con los beneficios que obtenían. Así que debes alegrarte cuando Dios cierra estas organizaciones. Mateo 6: 10 dice:

"*Venga tu reino, hágase tu voluntad en la tierra como en el cielo*".

Mientras sus negocios no estén estableciendo el reino de Dios en la tierra, y en cambio hayan estado estableciendo el reino de Satanás, deben ser cerrados, según Apocalipsis

18. Sólo aquellos que están estableciendo el reino de Dios se mantendrán.

En Mateo 6: 12 se dice que el pueblo de Dios debe orar cada día por la condonación de las deudas; y así como se hace contigo, debes hacerlo con los demás. Además de eso, el perdón no se refiere sólo a la ofensa cometida contra ti o que tú cometas contra otros; pero la mayor falta de perdón es la deuda que podría ser perdonada y cancelada y no sólo por individuos u organizaciones. La falta de perdón de la deuda impedirá que Dios realice una bendición sobre un individuo, organización o nación. Recuerde que la deuda es una esclavitud. Dios no quiere que su pueblo esté en esclavitud. Él quiere que le sirvan libremente. Por eso Deuteronomio 15: 1 - 11 muestra lo que un acreedor debe hacer para obtener la bendición del Señor. El versículo 6 muestra especialmente cómo Dios lo establecería en las naciones. Además, Él habla de los pobres, dentro de nuestras puertas, lugar legal, ciudad o comunidad.

Los líderes deben recortar durante la recesión. Lo primero que deben recortar son los gastos -según Nehemías 5: 18- porque la esclavitud es pesada. En esta Escritura, Nehemías dio el ejemplo.

Entiende esto:

1 Dios quiere que los empresarios y las naciones entiendan que necesitan extender la misericordia y la compasión que quieren que Dios les extienda. Es el mismo Dios que quiere que usted extienda a otros, Mateo 18: 23 - 27.

2 Dios quiere que su pueblo no sea como los siervos que no perdonan. Una vez que se perdonan las deudas, hay que hacer lo mismo con otra persona. (Mateo 18: 28 - 31).

3 Dios quiere que todos sepan que Él es el principal acreedor, por lo tanto, debes asegurarte de que nunca permitid que os llamen siervos malvados. Perdona hoy a alguien de su deuda contigo (vs. 32). Cuando alguien está en deuda, y no tiene nada que pagar, perdónale su deuda según Lucas 7: 40 - 41. Cancela la deuda!

Para salir adelante durante la hambruna y la recesión:

- Los empresarios y los líderes deben empezar a predicar con el ejemplo, recortándose el sueldo y reduciendo otros gastos en tiempos difíciles. No pidan a los pobres que hagan sacrificios; hay que enfrentarse al opresor para rescatar a los pobres.

- La usura debe parar! Los empresarios y los líderes políticos deben caminar en el temor de Dios. (Nehemías 5: 9 - 10)

- Dios quiere que los líderes devuelvan al pueblo los bienes que se le han quitado en la recesión/hambruna. (Nehemías 5: 11 - 12)

- Si no se restablece a los pobres, se producirá una mayor hambruna y retribución. La situación empeorará hasta que los dirigentes se dobleguen. Vender estos bienes a sus amigos a un valor "inferior al del mercado" no funcionará esta vez.

- Según Nehemías 5: 15, Dios va a tratar con los líderes que imponen cargas al pueblo y con los que no temen a Dios.

Estáis endeudando a toda una generación; no hay liberación de la esclavitud hasta que no estéis libres de deudas. Cristo nos redimió de la esclavitud! Son los planes malvados de Satanás los que nos ponen de nuevo en la esclavitud -en la deuda- para controlarnos con el fin de afligirnos y destruirnos. Han quitado las viñas y la tierra - la herencia - a la gente. Han tenido que hipotecar su casa y su propiedad para poder comprar comida, y lidiar con la hambruna y la recesión - ¡todo esto para sobrevivir!

Según Nehemías 5: 1 - 13, está claro que hay varias cosas necesarias para la supervivencia financiera durante una hambruna.

- Durante una hambruna o una crisis económica, deberían concederse exenciones fiscales. De este modo, se contribuirá a sacar a la gente de las deudas y se evitará que caiga en una mayor esclavitud financiera. No debería haber impuestos. Además, hay que reconocer que durante la recesión, el pago de impuestos llevará a las familias a la insolvencia.

- Hay que hacer una auditoría para tratar con las organizaciones que oprimen a los pobres durante la recesión.

- Dios está llamando a los líderes a liderar con el ejemplo como lo hizo Nehemías; el auto-sacrificio es necesario para el liderazgo.

Autoridad para la riqueza

Ahora, Jesús podía conseguir cualquier cosa que necesitara en el Ministerio. Cuando necesitaba un lugar para celebrar la Pascua con sus discípulos, simplemente envió a dos (2) de sus discípulos como

Lo hizo en Marcos 11: 1 - 6 o en Mateo 21: 1 - 3. Acaba de enviarles a decir que el Maestro dijo "dónde está la habitación de invitados en la que pueda celebrar la Pascua con mis discípulos".

Marcos 14: 15 dice que entonces les mostrará un gran Cenáculo amueblado y preparado, y allí les preparará. Esto muestra que Jesús tiene gente que sembraría en su ministerio, cada vez que necesitaba se lo pedía. Al obedecer al Maestro, a los apóstoles o a otros siervos, dándoles las cosas necesarias para llevar a cabo su ministerio, serás muy bendecido. Esto también se demuestra en Lucas 5. Usted hará una gran pesca! El pescado es simbolico de las almas, las finanzas para usted y sus socios de negocios - el Nuevo Millonario obedecera y sera bendecido!

Jesús siempre utilizó signos inusuales como una señal para bendecir a su pueblo. Un hombre cargando un cántaro de agua era una imagen inusual en una sociedad donde las mujeres siempre hacían ese tipo de trabajo.

En el Salmo 50: 10 - 11 se dice claramente que el ganado en mil colinas pertenece al Señor. El número **'1000'** significa **'el principio de la madurez'.**

Como millonarios tienen la autoridad de pedir a Dios que venda el ganado y les de el dinero o que les de el ganado para invertir. Ustedes tienen este acceso, pero Dios quiere que piensen en grande. No piensen en la pobreza, piensen en la RIQUEZA, piensen en la riqueza; ¡pídanle al Señor que les libere la riqueza!

El versículo 12 te dice que el mundo entero pertenece a Dios, y toda su plenitud en su interior. Todo lo que Dios quiere que hagamos es obedecerle y ser bendecidos como Él dijo en Éxodo 19: 5 - 6:

- Obedece su voz

- Mantener su pacto

Entonces "*serás un tesoro especial para mí por encima de todos los pueblos, porque toda la tierra es mía*" (para Dios)

Otras bendiciones en el versículo 6 serán para Él un reino de sacerdotes y una nación santa. Estas son las palabras que dirás a los hijos de Israel.

El Señor claramente delineó en Su Escritura lo que usted debe hacer para ser eso, o estar en la categoría de tesoro especial, no una persona ordinaria, sino ser ese Nuevo Millonario al acatar Sus principios.

En el Salmo 50: 13 - 15 Dios quiere que nos acerquemos y le demos gracias. Pagando nuestros diezmos según Malaquías 3: 10

Paga tus votos a Él, siembra la semilla según Génesis 8: 22, luego invócale en el día de la angustia y Él te librará, y tú le glorificarás.

Prosperidad - 2I Juan Versículo 2

Hay diferentes niveles de prosperidad. Al leer esta Escritura, date cuenta de que Dios quiere que estés equilibrado en todas las áreas:

- Espiritualmente
- Físicamente
- Emocionalmente
- Materialmente

Ahora muchos prosperan materialmente, pero no espiritualmente. Si no están equilibrados entonces esas personas irán directamente a la bancarrota. La clave es primero estar equilibrado espiritualmente, de acuerdo con Mateo 6: 33. Entonces todas las cosas serán añadidas a usted. Tu alma debe prosperar! No busques la riqueza a menos que vayas a seguir buscando a Dios para que tu alma prospere.

Dios ha levantado muchos millonarios en el pasado que prosperan en las cosas materiales. El error que cometieron es que dejaron de prosperar en sus almas. Dejaron de buscar el Reino. Empezaron a centrarse más en su riqueza material. De ahí que otras áreas comenzaron a deteriorarse, por ejemplo.

- Salud (física, espiritual y emocional)

- Relaciones

Con todo el dinero que tenían no había paz!

Se está viendo que muchos mueren y dejan su riqueza para la caridad o el estado. Era demasiado tarde cuando decidieron para tratar sus almas! Si vivieran Mateo 6: 33, ¡el Reino de Dios les daría larga vida! Ninguna enfermedad o dolencia les habría afligido. No miren la prosperidad con una sola mirada!

El nuevo millonario no debe cometer el error de los del pasado, debe ser más sabio: ¡Dios es su primera fuente!

Capítulo 14

SABIDURÍA A TRAVÉS DE LOS ERRORES PARA APORTAR SOLUCIONES

A lo largo de la vida se cometen errores, pero el Nuevo Millonario debe reconocer que a través de los errores adquiere sabiduría al haber aprendido de los mismos, y entonces aprovechar la oportunidad para desarrollar soluciones. Recuerda:

- La sabiduría viene a través de los errores

- Nunca tome decisiones basadas en las emociones. Separe las cuestiones emocionales de la toma de decisiones, y tome las decisiones por la guía del Espíritu Santo

- Una decisión errónea te llevará a la esclavitud financiera además de otros tipos de problemas

- El objetivo general en los negocios es obtener beneficios - beneficios honestos - y no pérdidas. Según Mateo 25: 14 - 30, Dios siempre exige aumento (Ver también Lucas 19: 11 - 26)

- De acuerdo con Lucas 19: 27, ¡sólo aquellos que deciden invertir lo que el Señor les da para el propósito del reino son considerados amigos de Dios! Aquellos que se niegan a invertir en el reino pueden considerarse un enemigo, porque rechazan el reinado del Señor sobre ellos.

- A los inversores que se niegan a que el Señor reine sobre ellos siguiendo sus instrucciones y principios con respecto a las donaciones al Reino, se les quitará el favor. (Lucas 19: 26; Lucas 8: 18)

- El comercio se realiza con el fin de obtener una ganancia o lograr el doble de lo que Dios le ha dado. Dios desea inversionistas de quienes pueda obtener su porción, como se encuentra en Lucas 19: 23, ¡ya sea dinero, dones, talentos o almas!

- Lucas 8: 14 nos dice que aquellos que escuchan las palabras de Dios y las dejan caer entre espinos cuando las escuchan salen y se ahogan con los afanes del mundo, las riquezas y los placeres de la vida y no dan fruto hasta la madurez, Dios los juzgará. (Véase también Lucas 8: 18)

- Lucas 19: 11 - Dios siempre da bendiciones dobles a los que comercian en su negocio para que Él pueda obtener un beneficio. Él duplica su territorio debido a su fidelidad, y Él duplica su autoridad.

- Hay una transferencia de bendiciones/riqueza y autoridad en el Reino, debido a la fidelidad y al trabajo duro, así como a la forma en que intercambias los talentos que el Señor te ha dado.

- Aquellos que entierren o se nieguen a impartir lo que Dios les ha dado serán evaluados por Dios, según Lucas 19: 20, y si no han aumentado, particularmente en el área de las almas, estarán en problemas.

- Dios está llevando a cabo evaluaciones en el Cuerpo de Cristo, las entidades seculares, incluso en la política con respecto a lo que le dio a cada uno para comerciar para ver si va a cobrar algún "interés".

- Aquellos a quienes el Señor les ha dado dones y talentos espirituales y no los están usando para la gloria de Dios - por medio del interés en las almas - tendrán su autoridad transferida a alguien más. (Ver Lucas 19: 26; Lucas 8: 18)

- Cuando Dios ha dado autoridad para tramitar sus negocios, espera fidelidad para poder ganar intereses.

Esdras 3: 5 - 7 nos dice que el pueblo dio dinero para construir el Templo:

- Carne

- Beber

- Aceite

Por lo tanto:

Piensa siempre como los ricos/ricos: sé empresarial, busca formas de obtener beneficios, no pérdidas. Todo debe tener sentido comercial.

Si no piensas y operas de forma empresarial, acabarás en la pobreza, independientemente de con quién hagas las transacciones. Los nuevos empresarios millonarios

no deben comprometer las prácticas empresariales, ni siquiera con sus amigos. Deben establecer los principios.

El hombre espiritual mostrará compasión en los negocios. El hombre natural no muestra compasión en los negocios. Debes reconocer que debe haber un equilibrio en los negocios si va a haber éxito a largo plazo.

Nuestro pensamiento debe ser como el de un hombre de negocios piadoso. Debes hacer las cosas desde el punto de vista de '*¿qué haría Dios en esta situación?* Esa es la forma de pensar que debes adaptar. No puedes tener éxito a menos que leas y apliques la palabra de Dios.

Un hombre de negocios piadoso piensa como dice la Escritura en Filipenses 4: 8. Esta Escritura nos da 8 principios para tener éxito. Dice que usted debe pensar en/abrazar las cosas que son:

- Verdadero
- Honestamente
- Sólo

- Puro
- Precioso
- Bien
- Virtuoso

Los ricos empresarios piadosos deben:

Piensa como Filipenses 4: 13 - "*Todo lo puedo en Cristo que me fortalece.*"

- Saber ***estar*** en todo - Filipenses 4: 11 - 12
- Sabed que Dios suplirá todas vuestras necesidades según sus riquezas en gloria por Cristo Jesús.
- Sigue esta Escritura -Filipenses 4: 6- y aplica la Oración, la Súplica y la Acción de Gracias a tu estilo de vida diario.
- Aprende a pescar, no a recibir limosnas en todo momento. Debes aprender a establecer negocios.

Recuerda siempre:

- El tiempo es valioso. Tu tiempo cuesta algo. Si alguien quiere pasar tiempo contigo, para obtener tu sabiduría, tiene que compensarte, sobre todo si es tu negocio. (2 Crónicas 9: 23 - 24)

- El dinero tiene mayor valor para ti sólo cuando tienes a Dios. Tener dinero sin Dios es imprudente y te llevará a la destrucción. (Ver Lucas 12: 13 - 21)

- Los ricos piadosos deben estudiar el dinero y la riqueza si quieren conservarla. El primer lugar para estudiar es la **Santa Biblia**. También necesitan leer libros sobre el dinero, asistir a seminarios relacionados y visitar clubes que traten sobre el dinero.

Cuando cometas errores financieros, utiliza tu error como un camino hacia el futuro. Utiliza tu error como una plataforma hacia tu riqueza. Recuerda siempre que tu error te cuesta algo. Utilice las lecciones aprendidas de sus errores para recuperar sus costes en el futuro. Por ejemplo, de los errores que ha cometido en su pasado, ¿qué ha aprendido? ¿Ha identificado lo que hay que hacer y lo que no hay que hacer? Utilice esa información para:

- Celebración de seminarios

- Escribir un libro

- Ofrecer servicios de consultoría

- Resolver problemas para los demás

- Aumenta tu sabiduría - si es así, ¿qué vas a hacer con esa sabiduría?

Utiliza tus errores para recuperar más de lo que has perdido. La sabiduría viene a través del dolor. Alguien tiene que pagar por ese dolor. Hay un precio por la unción; nunca es gratis.

Si hay un valor para la unción, entonces otros la respetarán y pagarán por ella o sembrarán en tu unción. Incluso con respecto a la salvación, ¡Jesucristo pagó por ella para que puedas recibir la vida! (Ver 2 Crónicas 9: 22 - 25)

El hombre rico piadoso tiene que pensar en grande; tiene que pensar en ser más rico que el mundo o el hombre no salvo; según 2 Crónicas 9: 22, Dios quiere que sea más rico.

Claves del éxito

Aquí hay varias claves de éxito de las que debes tomar buena nota.

- Recuerda siempre que no puedes pasar al siguiente nivel, a menos que alguien te promueva espiritual o naturalmente.

- No se puede ascender si no se siguen las instrucciones.

- Recuerda que todo lo que hagas cuando estés en el asiento de la autoridad se te devolverá al salir. Por ejemplo, si usted tiene éxito a través de la rebelión o cualquier otra manera no divina, se hará a usted a cambio.

- El éxito sólo viene a través de vivir según la palabra. No se puede predicar o enseñar eficazmente lo que no se ha caminado.

- Recuerda siempre que las bendiciones vienen de arriba, no de abajo.

- Crea una imagen en tu mente de dónde quieres ver la visión o tu sueño en los próximos tres (3) años.

- No puedes tener éxito a menos que te conviertas en un éxito en la visión de otra persona.

- Recuerda siempre que nada es imposible para Dios.

- El entorno que creas determina lo que atraes. Por tanto, arregla tu entorno, mejórate, vístete para el papel que buscas y sé consciente.

- Recuerda que no hay límites en Dios. La fe trae el éxito y también la obediencia. Debes hacer lo que Dios dice que debes hacer. No te fijes en la cantidad de dinero.

- Tus bendiciones están envueltas en la visión de la que formas parte, no en tu visión personal.

- Todo en la vida es un intercambio, nada es realmente gratis.

- Todo lo que se hace debe tener un impacto en el mercado, de ahí que las tácticas y estrategias sean sólidas.

- Mira a tu alrededor y comprueba si las decisiones que tomas están orientadas al Reino o son egoístas.

Es interesante darse cuenta de que hay muchas iglesias/ministerios que tienen una gran o incluso inusual unción, pero necesitan atraer a aquellos con los recursos para ayudarles a llegar al siguiente nivel. La única manera de que eso suceda es escuchar al Señor y moverse cuando ve que los recursos comienzan a agotarse. Dios está diciendo que usted debe moverse al siguiente nivel o área.

Dinero, sabiduría y visión

Según el Eclesiastés 10: 19, el dinero responde a todas las cosas. Habacuc 2 habla de la visión. A la luz de estas dos (2) Escrituras, hay varias cosas que debes tener en cuenta.

- Para cada plan que se presenta, hay un valor monetario
- El dinero es lo que produce el dinero
- Para comercializar su plan se necesita dinero
- Para financiar su visión se necesita dinero
- Para aumentar su organización se necesita dinero
- Para vivir en paz hace falta dinero
- Para llevarte a un cierto nivel espiritual se necesita dinero
- Para pagar las facturas y no tener deudas hace falta dinero
- Para estar libre de conflictos se necesita dinero (La pobreza trae conflictos)
- Para que la sabiduría sea escuchada se necesita dinero (Eclesiastés 9: 13 - 18)

- No se puede ganar una batalla sin dinero

- Cierta sabiduría o conocimiento no se puede impartir sin dinero . Por ejemplo, tendrás que asistir a seminarios, escuelas, y eso cuesta dinero.

- Para llegar al poder, con influencia, se necesita dinero.

TAMBIÉN

- El dinero te lleva ante los grandes hombres, porque el dinero atrae al dinero

- El dinero te da poder

- El dinero también ayuda a conseguir justicia

- El dinero hará que tu enemigo se lo piense dos veces antes de atacarte

- El dinero provoca y acaba con las guerras

Proverbios 10: 15 dice:

"*La riqueza del rico es su ciudad fuerte, la destrucción del pobre es su pobreza*".

Esto nos dice que la pobreza trae destrucción.

- El dinero puede traer millones de almas para Dios

- El dinero alimenta a los pobres, a los huérfanos y a las viudas y forma parte de la prosperidad con Dios.

- El dinero puede romperte o hacerte. Te lleva a una gran compañía y el dinero te saca de una gran compañía.

El Eclesiastés 6: 12 declara:

"*Porque la sabiduría es una defensa como el dinero es una defensa, el dinero traerá protección.* "

El Eclesiastés 6: 1 - 2 te lo dice:

"*Hay un mal que he visto bajo el sol, y que es común entre los hombres: un hombre al que Dios le ha dado riquezas y riqueza y honor, de modo que no le falta nada para sí de todo lo que desea...*"

La riqueza, las riquezas y el honor son poderes dados por Dios para ti según Lucas 12: 20 - 21. Dios quiere que acumulemos tesoros en el cielo. Obtener riquezas es un poder dado por Dios. Disfrutar de la riqueza es un poder dado por Dios. Job 21: 10 dice que Dios no quiere que demos por sentada su bendición.

Eclesiastés 10: 5 - 7 muestra que Dios quiere que su pueblo, que es rico, se levante de un lugar humilde.

La Escritura dice:

Hay un mal que he visto bajo el sol, como un error que procede del gobernante. La insensatez está puesta en gran dignidad, mientras que los ricos se sientan en un lugar humilde. He visto siervos a caballo, mientras los príncipes caminan por el suelo como siervos".

Es importante señalar que el término '*siervos*' en este contexto se refiere a '*los que no creen en Dios*'; y el término '*príncipes*' se refiere aquí a '*los siervos de Dios*'.

Capítulo 15

8 CLAVES DE SABIDURÍA PARA QUE EL GOBIERNO REDUZCA LA DEUDA Y LA DELINCUENCIA - ¡LOS LÍDERES MUNDIALES TOMAN NOTA!

1. Restaurar el culto en el Templo - empezando por la Casa Principal de la nación. (2 Crónicas 29: 20-36). Pide al pueblo de la nación que traiga una Ofrenda por el Pecado para que el Orden Sacerdotal sea restaurado y que la bendición vuelva a la nación.

2. Los Líderes de las naciones deben llamar a todo el personal del Quíntuple Ministerio - (Efesios 4: 11) para un día de Limpieza y Santificación, especialmente por los recursos de la tierra que fue desperdiciada y por la corrupción. (2 Crónicas 29: 3 - 19)

3. Mantenga las Tres (3) Fiestas Anuales - de acuerdo a Éxodo 23: 14 - 17 y Números 28 & 29 celebradas en Abril, Junio y Septiembre. El final de septiembre hasta mediados de octubre es el mes de Tishri, y este es un mes durante el cual, ¡se abre una ventana para la nación! La nación necesita utilizar la temporada para el cambio y la curación en la

nación. Es el final de un año agrícola y el comienzo de otro. Un tiempo muy especial para el cambio basado en el calendario judío. Es el período para llamar a la asamblea. (Números 29: 12 - 39) El 1 y el 8 de octubre son particularmente especiales durante este tiempo. (Génesis 8: 5)

4. Convoca un ayuno de 7 días en octubre. Debe ser convocado por el Líder de la Nación para que el Señor pueda sanar al pueblo y a la Tierra. (2 Crónicas 30: 19 - 27).

   - Durante este Ayuno, los líderes de las naciones deben sembrar una semilla de 8.000 dólares - *"8"* significa ***"nuevo comienzo; nuevo nacimiento; nueva monarquía; circuncisión"*** (Génesis 8: 13; Génesis 17: 12; Éxodo 22: 30), y ***"Mil"*** significa ***"el comienzo de la madurez"*** (2 Crónicas 1).

   - Los miembros restantes de la Administración deben sembrar una semilla de 11.000 dólares cada uno. ***'11'*** significa ***'fin, cambio de paradigma; mandato divino'*** (Mateo 20: 9, 12) y es el número utilizado también cuando el poder cambia de manos. [Utiliza a los hombres santos de Dios para romper las maldiciones, no a los religiosos ni a los teólogos].

5. Quiten las imágenes talladas y derriben los lugares altos y las imágenes de madera. Deshazte de todas las cosas que están incrustadas en nuestra nación

como cultura que son brujería! (2 Crónicas 34: 1 - 7)

6. Es necesario que haya un santo Sacerdote y un santo Profeta que sean neutrales y sin motivos personales para instruir al líder de la nación en la Palabra del Señor, para tomar decisiones, ya que se avecinan grandes desafíos para la Administración; especialmente hoy, con la corrupción de las pasadas Administraciones desde la época de la Independencia. (2 Crónicas 34: 8 - 33). Haciendo esto, el juicio escapará a la nación y la reforma tendrá lugar.

7. La reforma no puede tener lugar realmente hasta que no se aborde primero el aspecto espiritual. El fracaso, el crimen y la deuda empeorarán y habrá numerosas huelgas, manifestaciones y disturbios. (Isaías 17)

8. Reducir la deuda y el crimen solo puede ser una realidad si aplica los principios bíblicos. Será fácil si busca la fuente correcta. La respuesta está en la Palabra de Dios. Si no ejecuta el deseo de Dios para y sobre la nación, ¡sólo le creará una enorme pesadilla!

1 Corintios 2: 6 - 16 dicen:

"*Sin embargo, nosotros hablamos sabiduría entre los que son maduros, pero no la sabiduría de este siglo, ni la de los gobernantes de este siglo que están llegando a la nada. Pero hablamos la sabiduría de Dios en un misterio, la sabiduría oculta que Dios ordenó antes de los siglos para nuestra gloria, la cual ninguno de los gobernantes de este siglo conoció, pues de haberlo sabido no habrían crucificado al Señor de la gloria. Pero como está escrito: 'El ojo no ha visto, ni el oído ha oído, ni han entrado en el corazón del hombre las cosas que Dios ha preparado para los que le aman'. Pero Dios nos las ha revelado por medio de su Espíritu. Porque el Espíritu escudriña todas las cosas, sí, las cosas profundas de Dios. Porque ¿quién conoce las cosas del hombre sino el espíritu del hombre que está en él? Así tampoco nadie conoce las cosas de Dios, sino el Espíritu de Dios. Ahora bien, nosotros hemos recibido, no el espíritu del mundo, sino el Espíritu que procede de Dios, para que conozcamos las cosas que nos han sido dadas gratuitamente por Dios.* ***Estas cosas también las decimos, no con palabras que enseña la sabiduría de los hombres, sino que el Espíritu Santo enseña comparando las cosas espirituales con las espirituales. Pero el hombre natural no recibe las cosas del Espíritu de Dios, porque para él son locura; ni puede conocerlas, porque se disciernen espiritualmente.*** *Pero el que es espiritual juzga todas las cosas, pero él mismo no es juzgado correctamente por nadie. Porque ¿quién ha conocido la mente del Señor para poder instruirlo? Pero nosotros tenemos la mente de Cristo".*

Capítulo 16

EL NUEVO MILLONARIO

Aunque el término es nuevo, el concepto de Nuevo Millonario no es nuevo. De hecho, hay varios ejemplos del Nuevo Millonario a lo largo de la Biblia: José, Job, Daniel, Rut y Ester. El Nuevo Millonario es aquel que se compromete con el Dios Trino (El Padre, Jesús el Hijo y el Espíritu Santo), vive según los principios de la Palabra de Dios y obedece la voz del Señor hasta la acción. Además, el Nuevo Millonario es aquel que:

- No se compromete con las cosas o instrucciones de Dios
- Reconoce y acepta plenamente a Jesucristo como su Señor y Salvador
- Cree en el poder del Espíritu Santo y lo abraza
- Camina en el temor y el favor de Dios
- Utiliza su riqueza para ayudar a construir el reino, financiar las visiones dadas por Dios y apoyar un estilo de vida piadoso según el Salmo 25: 9, el

nuevo millonario también debe ser ***humilde***. Ser humilde tiene sus ventajas. Se puede recibir:

- Orientación en materia de justicia
- Sabiduría, conocimiento y comprensión
- La misericordia y la verdad

Sin duda, el concepto del Nuevo Millonario está inserto en la Palabra de Dios.

El nuevo millonario y la palabra

El Salmo 37: 23 -24 te lo dice:

"Los pasos del hombre bueno son ordenados por el Señor, y Él se deleita en sus caminos. Aunque caiga no será derribado del todo, porque el Señor lo sostiene con su mano".

Una vez que seas justo, Dios ordenará tus pasos. Él te protegerá y te llevará a la prosperidad y a los pastos verdes. Además, Proverbios 24: 16 dice que el justo puede caer siete veces y volver a levantarse, pero el impío caerá por calamidad. La caída no es fatal, excepto para los malvados.

El Salmo 37: 25 - 26 afirma además, que Dios no abandonará al justo, ni permitirá que sus descendientes - espirituales y naturales- mendiguen el pan. El verso 26 dice: *"Él es siempre misericordioso, y presta, y su descendencia es bendecida"*. Esto le permite saber que hay una gran bendición para sus descendientes.

Dios quiere que aquellos que desean ser Nuevos Millonarios persigan la justicia porque hay grandes bendiciones al hacerlo. Él quiere que el Nuevo Millonario sepa que con la rectitud viene una gran bendición y eso incluye riquezas y riqueza! Él tiene un innumerable, inconmensurables beneficios para ser liberados a la rectitud - y estos beneficios mal causar que se conviertan en el Nuevo Millonario.

Beneficios para los que temen al Señor

- Guía - Él le enseñará el camino que elija (Salmo 25: 12)

- Prosperidad espiritual - Él mismo habitará en la prosperidad (Salmo 25: 13)

- Prosperidad futura - Sus descendientes heredarán la tierra (Salmo 25: 13)

- Divino confidente - El siervo del Señor está con ellos (Salmo 25: 14)

- Alianza - Él les mostrará su pacto (Salmo 25: 14)

- Liberación - "Él sacará mis pies de la red" (Salmo 25: 15)

El nuevo millonario siempre

- Caminar en la prosperidad

- Tener nuevas ideas

- Crear nuevos productos empresariales

- Sé el primero con los secretos revelados

Al igual que Dios hizo con Abraham y con los Apóstoles (Génesis 18: 17 - 19 y Juan 15: 15)

Recuerda que el temor del Señor es el principio de la sabiduría. Seguir las instrucciones de Dios para vivir según su palabra, ¡trae grandes bendiciones!

Preguntas para el nuevo millonario

Hay muchas personas en este momento, que desean convertirse en millonarios, y a medida que los tiempos se vuelven más difíciles, ¡ese deseo aumenta!

Sin embargo, aunque muchos tienen este deseo, hay algunas preguntas que el nuevo millonario deberá plantearse y responder.

- ¿Estás preparado para tomar la cruz y seguir a Jesús?

- ¿Está usted listo para que Él le enseñe sus principios - principios bíblicos - para tratar con la mayor transferencia de riqueza que está a punto de ocurrir? Por ejemplo, Mateo 6: 33 que dice - "*buscad primero el kingdom of Gody su justicia y todas estas cosas os serán añadidas*"

- ¿Estás preparado para recibir el cien por cien?

- ¿Estás dispuesto a invertir tus talentos en el reino, para el reino? (Mateo 25: 14)

- ¿Estás preparado para que los obreros de una hora, según Mateo 20, construyan el reino?

- ¿Está usted listo para someterse a los principios de Dios con respecto a las finanzas que se encuentran en Marcos 11: 17 - 25? El Joven Gobernante Rico tenía las finanzas pero no tenía el fundamento. El amaba el dinero más que a Dios. Dios quería enseñarle los principios del Reino, por eso el Señor lo puso a prueba.

Amós 8: 4 dice que no debes practicar los negocios de tal manera que hagan fracasar a los pobres de la tierra. El verso 5 dice,

"*Diciendo: ¿Cuándo pasará la Luna Nueva, para que podamos vender el grano? Y el sábado, para que podamos comerciar con el trigo haciendo pequeño el efa y grande el siclo, falsificando las balanzas con engaños*".

Si observas el mundo actual, te darás cuenta de que muchos de los empresarios de hoy en día están tan atrapados en la obtención de beneficios que descuidan todo lo demás que aporta algún valor real a su calidad de vida.

- No les importa el día de adoración de Dios ni observar su fiesta, ¡sólo les interesan las ventas!

- Implementan sistemas para disminuir a los pobres, robándoles a través de altas tasas de interés, chupando a los pobres de su prosperidad.

- Según el versículo 6, compran al pobre por plata - poco y nada- y al necesitado por un par de zapatos y venden la basura de la riqueza -venden lo peor

- Los versículos 7 - 8 dicen que Dios va a juzgar a los hombres de negocios - incluyendo a los cristianos.

- El verso 12 declara que Dios va a enviar una hambruna - la revelación de la Palabra. Los negocios solo se dirigirán a aquellos que practiquen los Principios Bíblicos. La sabiduría impía se volverá contra todos los hombres de negocios.

Amós 9: 13 ofrece una imagen poética de la fertilidad de la tierra y de la seguridad y estabilidad de la vida para el pueblo de Dios, especialmente en su futuro Reino. Las cosas están volviendo al pueblo de Dios.

"'*He aquí que vienen días*', *dice el Señor*, "*en que el labrador superará al segador, y el pisador de uvas, al que siembra; los montes gotearán vino dulce, y todas las colinas fluirán con él*'".

El arador frente al que siembra la semilla - las bendiciones serán tan grandes que Amos las compara con el Señor produciendo tan rápidamente y tan ricamente que un ciclo ni siquiera habrá terminado antes de que comience el siguiente.

El verso 15 declara que Dios plantará al pueblo en su tierra, y nunca será arrancado; la bendición y la restauración vienen con el arrepentimiento primero. Entonces Dios dará misericordia y gracia.

Marcos 10: 17 habla de los principios involucrados en la adquisición de las riquezas del Reino - riquezas que ayudarán a construir el Reino de Dios.

Capítulo 17

LAS CLAVES PARA SER MILLONARIO

Las llaves abren las puertas a numerosas cosas y lugares que pueden llevarnos a grandes bendiciones. Hay varias llaves que necesitas tener para abrir la puerta de *la "millonariedad"*. Aquí están:

- Escriba la visión en un papel, es decir, anote en un papel lo que quiere conseguir. (Habacuc 2) Por ejemplo, ser dueño de su propio negocio, casa, vehículo o avión, ¡o incluso tener un mayor número de empleados!

- Declara "*¡dinero!*" por la mañana y por la noche. Job 22: 28 te habla del poder y la importancia de las declaraciones. Así que necesitas decretar lo siguiente, por ejemplo: "*¡Soy rico!*"; "¡Soy *multimillonario!*"; "*¡Soy bendito al entrar y bendito al salir!* (Job 21: 28); Según Proverbios 18: 21, declaro que mis manos son benditas y mis negocios son benditos.

- Sean humildes; permanezcan humildes; y declaren que la exaltación vendrá! Incluso si has sido derribado por tus socios y enemigos. Cuando lo hagas Job 22: 29 dice '*...entonces ÉL salvará a los humildes...*'

- Desarrolla el odio a la pobreza. La pobreza trae consigo la destrucción de los pobres. (Proverbios 10:15)

- Siembra siempre la semilla! (Génesis 8: 22; Eclesiastés 11: 4 - 6) Por cada petición que pongas ante Dios, séllala con una semilla. No retengas tu mano. Proverbios 11: 24 - 26 revela que la generosidad hace prosperar a una persona, y también que la tacañería trae pobreza.

- Estudie la palabra de Dios con respecto a la prosperidad y la dirección, así como las diversas semillas para los distintos problemas. Por ejemplo, 2 Crónicas 1 revela la semilla salomónica de $1000 para los negocios; la semilla del Salmo 112 de $112 para la riqueza y las riquezas; y la semilla del Salmo 119 de $119 para la dirección.

- Pague sus Diezmos, de acuerdo a Malaquías 3: 10 y observe las Tres (3) Fiestas como en Éxodo 23: 14 - 19. Además de esto, practica el Principio de las Primicias; las primicias pertenecen al sacerdote. Por ejemplo, bendiciendo al sacerdote con el aumento de su salario (la diferencia entre su antiguo y nuevo salario). Las primicias, en última instancia, pertenecen a Dios.

- Practica los principios bíblicos según Deuteronomio 14: 22 - 29, porque esto permitirá que el Señor te bendiga en todo el trabajo de tus manos que hagas. Esa es la clave para convertirse

- en millonario. No abandones a los levitas - tus pastores dentro de tus puertas así como tu Gobierno, Iglesia, Comunidad y Ciudad deben ser lo primero. Adicionalmente, Deuteronomio 14: 29 nos dice que ayudemos a los extranjeros, a los huérfanos, a las viudas y a los pastores dentro de tus puertas de la bendición que recibes; para que el Señor bendiga todo el trabajo de su mano. Si todas las iglesias y empresas aplicaran este principio, Dios las bendeciría poderosamente.

Reconoce que para ser millonario:

- Debes ser capaz de discernir las condiciones del mercado. Por ejemplo, José, Elías y Salomón obtuvieron una nueva revelación para las soluciones.

- Debes estar dispuesto a obedecer la instrucción de Dios cuando habla, como nos amonesta en Deuteronomio 28: 1.

- Recuerda siempre Deuteronomio 8. Medita en él y prosperarás. Además, mantén Deuteronomio 28: 1 - 14 cerca de tu corazón y prosperarás.

Recuerda:

- No te asocies con personas negativas, especialmente con aquellas que tienen una visión negativa del dinero. En lugar de ello, asóciate con personas a las que les guste hablar de Dios y del dinero. Tener a Dios y el dinero traerá felicidad y alegría.

- La falta de dinero trae consigo estrés, deudas, enfermedad, pobreza y falta de oportunidades.

- Crea un presupuesto y preséntaselo a Dios. Escribe la cantidad que buscas anualmente en un cheque en blanco y ponlo en la pared de tu oración habitación. Se hará realidad. La fe sin obras está muerta - Santiago 2: 14 - 26.

- No te quedes sentado, prueba diferentes negocios. Dios no puede abrirte su buen tesoro o dar la lluvia a tu tierra y bendecir todo el trabajo de tu mano a menos que pongas tu mano en algo.

- Busca al Señor para saber con quién estás realmente llamado a hacer negocios. Las asociaciones y afiliaciones equivocadas pueden llevarte a la pobreza.

- Ponga carteles en su casa con las Escrituras relativas a las confesiones sobre el dinero y la riqueza. Esto es profético!

Comercio - Lucas 19: 11 - 26

Para la expansión y el aumento, primero debes ser fiel con lo poco, antes de que Dios te dé autoridad sobre otras ciudades. Además, debes aumentar comerciando con lo que se te ha dado, y por lo menos duplicarlo. Si no inviertes lo que Dios te ha dado y lo duplicas, incurrirás en el juicio de Dios. Además, Él te considera un siervo malvado. El no invertir y comerciar será quitado y dado a otros. Dios está en el negocio del reino.

En la Biblia se ve a las siguientes personas involucradas en el comercio. Mira a Abraham en Génesis 13: 2. Salomón también fue uno involucrado en el comercio. El comercio puede ser simplemente un intercambio de activos, préstamo de bienes, dinero, plata u oro con interés. El comercio es lo que permitió a José ser grande. El cambiaba la esclavitud por dinero.

Sembrar la semilla, según Génesis 8: 22, también es comerciar, porque siempre habrá una cosecha garantizada de más de lo que has sembrado. Es el aumento de tu semilla; una semilla puede producir millones de semillas.

Salomón cambió alimentos y aceite por troncos de cedro y ciprés para construir el templo, según I Reyes 5: 2 - 9. Año tras año, muchas naciones necesitaban empezar a comerciar con otras naciones para superar la recesión económica.

Esto significa que la Iglesia puede comerciar también con los empresarios a través de

- La enseñanza de los principios bíblicos
- Creación de redes con otras organizaciones, como los bancos
- Vivienda
- Escuelas

Hechos benéficos

Ahora bien, hay varias claves que hay que seguir a la hora de hacer obras de caridad. Cumplir con Mateo 6:

- No hagáis obras para ser vistos por los hombres, de lo contrario no tendréis recompensa del Padre que está en los cielos.

- No toquéis la trompeta delante de vosotros, como hacen los hipócritas en las sinagogas y en la calle, pues buscan la gloria de los hombres.

- Cuando des, no dejes que tu mano izquierda sepa lo que hace tu mano derecha. Dios te recompensará abiertamente cuando lo hagas en secreto.

Jesús en Lucas 19: 28 - 34 envió a sus discípulos a desatar un potro para su ministerio. (Ver también Mateo 21: 1 - 4)

Utiliza las dos (2) llaves de oro para luchar por conseguir la prosperidad - **ata** todas las fuerzas negativas, los espíritus y las palabras habladas contra tus finanzas y **suelta** millones para ti - Mateo 16: 19 y Mateo 18: 18.

El poder del acuerdo es la clave para perder la riqueza, según Mateo 18: 19 - 20 y I Corintios 1: 10, especialmente con los esposos. Esto también se aplica a los socios comerciales.

El Espíritu Santo es la clave

Ahora, leyendo Isaías 32: 15 - 18, usted se dará cuenta de que si las naciones, las organizaciones y los individuos, particularmente la gente de negocios van a caminar en la riqueza y la prosperidad, deben orar para que el Espíritu Santo se derrame sobre ellos. El Espíritu Santo es la fuente de toda bendición en el Fin de los Tiempos. El Espíritu Santo es la clave para la justicia, la rectitud y la existencia pacífica y ética.

Isaías 32: 19 - 20 también habla incluso en el desastre o el juicio de Dios sobre una nación o ciudad. El verso 20 dice específicamente nos "*Dichosos los que sembráis junto a todas las aguas; los que enviáis gratuitamente las patas del buey y del asno*".

Isaías 30: 23 - 24 dice "*Él dará la lluvia para tu semilla*".

A pesar del juicio, Dios bendecirá a los que siembran la semilla. Él dará la lluvia para su semilla.

Para ser millonario, hay que seguir el protocolo de comunicación para conseguir o entender los misterios de Dios. I Corintios 14: 2, los misterios para la riqueza y otras áreas vitales sólo serán revelados a través del "*lenguaje celestial*" - estudiar más de cerca la palabra '*misterios*' que significa '*secretos*'.

Además, para ser millonario, debes poner a Dios en primer lugar en todos los aspectos. No puedes dar prioridad a tus necesidades personales, negocios y demás, mientras ignoras la casa de Dios. Eso traerá dificultades para ti y para la nación - Hageo 1: 1 - 11.

Hageo 1: 10 afirma que Dios retendrá el rocío y la tierra retendrá su fruto. Cuando la tierra retiene su fruto, entonces:

- Hambre
- Sequía
- Escasez de alimentos
- Inversiones fallidas

Hageo 2: 17 afirma que Dios golpeó todas las labores de tu mano -las transacciones comerciales, las inversiones- porque quiere que lo reconozcas como Aquel que te ha bendecido y hace caer la lluvia; para que empieces a construir su templo y a dar tu dinero y tu corazón.

Dios bendecirá la semilla de obediencia de su pueblo, según Hageo 2: 19. Sin embargo, los mismos principios que se aplican cuando se descuida o se rechaza el diezmo se aplican también cuando no se pagan los impuestos, según Malaquías 3: 10 y Mateo 22: 21. Hay un período de morosidad y un cargo.

Recuerda siempre, según Mateo 15: 13, todo lo que el Padre no plantó en una nación o en una economía, será desarraigado. También debes declarar bendiciones cada día en tu vida. Esto anulará todas las maldiciones de tus enemigos. Por ejemplo, Gálatas 5: 22 - 23 hablan de los nueve (9) frutos del espíritu que traerán cosecha.

El número "*9*" significa "*cosecha; fructificación*

Tener el "*fruto*" te permitirá caminar hacia la riqueza y mantenerla. Ora también, según Isaías 11: 2, por los siete Espíritus, que sigue siendo el Espíritu Santo:

- Espíritu del Señor
- Espíritu de Sabiduría
- Espíritu de entendimiento
- El espíritu del consejo
- Espíritu del Poder
- Espíritu del conocimiento
- El espíritu del temor al Señor

El número "7" significa "*descanso completo*".

Todos los líderes necesitan estos siete (7) ministerios para poder dirigir eficazmente una nación o cualquier organización.

- Nunca vayas ante ningún rey sin llevar un regalo, como se dice en Mateo 2: 11. Cuando le das a un rey un regalo, Él te dará regalos/favor, poder/autoridad, o impartición real. Dios ha dado/sembrado a su Hijo para redimir a su familia para que la humanidad pueda vivir.

- *Edifícate* en cuanto a cómo entender la palabra de Dios y cómo recibir la revelación con respecto a la prosperidad - I Corintios 14: 4. Toma nota especial de la palabra '*edificar*'.

- Practica siempre el perdón a los demás, especialmente si alguien te da una condonación de deuda. Ya que has mostrado compasión y has dado una condonación de deuda, ahora debes pasarla a alguien que está en deuda contigo. Este principio se revela claramente en Mateo 18: 21 - 35

    - Paso 1: Liberación de la deuda

- Paso 2: El perdón

El Nuevo Millonario no debe entregarse a los consejos impíos, como se dice en el Salmo 1: 1.

"Bienaventurado el hombre que no camina en el consejo de los impíos"

Recuerda que según Proverbios 10: 22, son las bendiciones del Señor las que hacen a uno rico, y Él no añade ninguna pena. La bendición de Dios te permite ser millonario - nadie ni nada más. Usted necesita las bendiciones de Dios para ser millonario. Una vez que Dios lo libera, entonces será así.

Para que seas grande, Dios tiene que bendecirte mucho. Esto se expresa en Génesis 24: 35 cuando el siervo de Abraham, Eliezer, describió la riqueza de su amo. Además, Génesis 13: 2 nos dice que

'Abraham era muy rico en ganado, en plata y en oro.'

Un millonario debe ser constructivamente crítico con ciertas cosas utilizando criterios bíblicos. Por ejemplo, debe preocuparse y conocer a los que se casarán con su hijo o hija. Casarse con la persona equivocada le devolverá a la pobreza.

Abraham era multimillonario y de edad avanzada, según Génesis 24: 3, cuando instruyó a su siervo Eliezer:

"y te haré jurar por el Señor, el Dios del cielo y el Dios de la tierra, que no tomarás para mi hijo una esposa de las hijas de los cananeos, entre los que yo habito;"

Los "*cananeos*" aquí en nuestros días se referirían a los que "*no son salvos*" o "*no son de la misma fe (cristiana)*".

Como resultado, Rebeca se casó con un multimillonario: Isaac, hijo de Abraham, y pasó a formar parte de la Promesa de Abraham.

No hay nada más importante que la bendición del Señor para nosotros. Abraham lo sabía y debido a su fe y obediencia a Dios, la mantuvo todos los días de su vida y continuó en el linaje con Isaac.

Cuando el Señor te bendice, según Génesis 24: 40, siempre enviará a los ángeles asignados para traer prosperidad para que vayan delante de ti, para que tu camino sea próspero. Debes orar para que el Señor envíe a los ángeles de la prosperidad delante de nosotros. (Véase también Éxodo 23: 20, 23 y 30; Josué 24: 8)

El enemigo tiene miedo de que el pueblo de Dios obtenga riquezas, por eso Dios tiene que enviar ángeles de prosperidad ante nosotros para que heredemos la tierra, nuestra herencia. Pero Dios quiere que obedezcamos su palabra para poder liberar la riqueza, según Josué 1: 7 - 9, especialmente el versículo 8.

El Nuevo Millonario debe conocer Génesis 12: 2, que Dios nos bendecirá para ser una bendición (para los demás). Génesis 12: 3 nos dice que Dios lo hará:

"*...bendice a los que te bendicen, y yo maldeciré al que te maldice...*"

Por lo tanto, si maldices a un hombre bendecido, serás maldecido. Pero además, cuando seáis bendecidos, vuestras familias, vuestra iglesia y todos los que os bendigan serán bendecidos. (Ver también Gálatas 3: 8). No pidas una bendición a menos que vayas a bendecir a otros.

Según Génesis 12: 1 - 2, cada vez que Dios te va a bendecir y usar y permitirte ser grande:

- Te saca de la casa de tu padre
- Te saca de tu país y de tu familia (ver también Génesis 13: 9; Hechos 7: 2 - 3)
- Te lleva a un lugar que estaba predestinado desde el principio
- Entonces te establece allí (Ver también Deuteronomio 26: 5)
- Luego te bendice (Ver también Génesis 22: 17 - 18)
- Tu nombre será entonces grande y famoso
- Entonces serás una bendición para los demás (Ver también Génesis 28: 3 - 4)

Basándose en las distintas dimensiones, una persona puede ser una bendición, pero no alcanzar las cotas de ser una bendición para los demás. Ser una bendición para los demás, según Génesis 12: 2, es una bendición de Dios, del mismo modo que dar es un regalo.

El pacto de Abraham es triple:

- Bendiciones para los pueblos y naciones que bendicen a Abraham y para las naciones que provienen de él, lo que significa que tú y tu descendencia también tienen derecho a la misma bendición - espiritual y naturalmente.

- Las maldiciones sobre aquellos pueblos y naciones que maldicen a Abraham e Israel, eso significa que las maldiciones vendrán sobre aquellos que te maldicen a ti y a tu descendencia también.

- Bendición a todas las familias de la tierra por Jesucristo

Éxodo 23: 30 dice:

"Poco a poco los expulsaré de delante de ti, hasta que te hayas multiplicado y heredes la tierra".

Para ser millonario debes tener una mentalidad millonaria. No pienses en pequeño, piensa en GRANDE. Para obtener sabiduría, asóciate con los ricos, ¡ve a donde ellos van! No seas tacaño y no te niegues a gastar para conseguir sabiduría. Aquellos que no tienen la mentalidad millonaria, en última instancia, carecen de fe y confianza en Dios.

Este es el mejor momento de la historia para ser millonario, mientras la tierra se vuelve más oscura, Dios está listo para transferir la riqueza a los "*justos*", es decir, a aquellos que están dispuestos a acatar sus principios y a tener mentalidad de reino, se elevarán rápidamente a la condición de millonarios. (Ver Job 27: 16 - 17)

Según Génesis 26: 12 - 14, cuando se siembra durante una hambruna se obtiene:

- Mayor rendimiento de su inversión (su semilla)
- Un retorno de 100 veces en el mismo año
- La bendición del Señor
- Una triple bendición

Las leyes de acceso y el nuevo millonario

El Nuevo Millonario debe orar por la Ley de Acceso de tres niveles. Una vez que Dios le da la Ley de Acceso, que son:

- La ley de acceso
- La ley de la presentación
- La Ley del Favor

\- entonces se abrirán numerosas puertas.

Además, hay que tener en cuenta varias cosas en relación con la Ley de Acceso.

- El acceso es la clave de la promoción
- El acceso a Dios te dará acceso al hombre

- Quien te ve determina quien te promueve. José fue promovido a través de esta Ley de Acceso. Fue recomendado por el mayordomo principal (el mayordomo del faraón) en Génesis 41: 9.

- Tu don te llevará a los grandes hombres como ocurrió con José en Génesis 41: 9 - 15

- La esclava permitió el acceso de Eliseo a Naamán, el comandante del ejército

- Un ciego luchó por acceder a Jesús para ser curado en Juan 5: 1 - 13

- El acceso que Elías tuvo a la viuda les abrió las puertas a ambos en I Reyes 17: 9 - 24

- Todas las cosas por las que rezas están detrás de una puerta. Escribe una lista de las personas a las que quieres tener acceso para que se cumpla la visión que Dios te ha dado.

- Cuando Dios da acceso, no permitas que una tercera voz/parte rompa ese acceso. Haz una lista de las personas a las que quieres tener acceso para cumplir la visión que Dios te ha dado

- La obediencia de Rut a las instrucciones de Noemí hizo que conociera y se casara con Booz, un hombre rico de linaje real, y que se convirtiera en la abuela de uno de los mayores reyes de Israel.

La ley de la presentación

La forma en que te presentas a ti mismo, a tu ministerio y a tus productos es un elemento clave en la Ley de la Presentación.

En el ámbito del marketing, incluso los productos malos se venden si están bien empaquetados. Un envase adecuado atraerá rápidamente la atención de los inversores. También aumentará el conocimiento de lo que tiene que ofrecer y provocará una mayor atracción hacia usted, su ministerio o su producto.

La Ley del Favor

Esta Ley se basa generalmente en el Salmo 5: 12. Hay varias escrituras interesantes de las que debes tomar nota en relación con la Ley del Favor.

- El favor de Dios hará que un día seas millonario - Proverbios 12: 2
- José pasó de los harapos a la riqueza en un día por el favor de Dios en su vida - Génesis 41: 42
- El favor es más grande que el dinero! El favor es para toda la vida! Salmo 30: 5
- Necesitas el favor de Dios y de los hombres; Abraham, Moisés, David y José encontraron el favor de Dios y de los hombres - Daniel 1

Para ser millonario, necesitas el favor de Dios en todos los ámbitos: ¡cuerpo, alma y espíritu!

Lo que el nuevo millonario debe entender

El Nuevo Millonario debe entender que los éxitos que lanzó en el pasado y libera en el presente son las bendiciones de Dios, según Deuteronomio 8: 18. Además de esto, Job fue un multimillonario y su prosperidad fue un resultado directo de su estilo de vida de piedad y benevolencia. Él dio, y según Job 29: 11 - 17, Dios quiere que el Nuevo Millonario dé para que su prosperidad continúe.

Recuerda siempre:

- Según Job 29: 1 - 2, es Dios quien te protege y es su luz la que te lleva a través de la oscuridad

- Es el consejo amistoso de Dios que está sobre tu negocio u hogar para que te lleve a la prosperidad - Job 29: 4

Los millonarios deben saber que el favor no común se secará cuando Dios observe la avaricia, como se encuentra en Malaquías 3: 8 - 9. Una vez que usted deja de pagar los diezmos debido a la avaricia, esto le afecta a usted y a su negocio, a su hogar o a su nación. El favor que una vez recibiste para obtener mayores ganancias ya no se te extenderá.

Lucas 2: 52 revela además que Dios es el que da el favor de aumentar la sabiduría, así como el favor con el hombre y cualquier otra cosa que tengas.

Capítulo 18

LAS COSAS QUE TODO MILLONARIO DEBE ENTENDER

Hay algunas cosas que todo millonario ***debe*** entender para ser un buen administrador de lo que Dios tiene o bendecirá - ¡Riqueza, Riqueza y Los 3 Grandes!

Riqueza

El término 'riquezas' se utiliza para hablar de '*las bendiciones de Dios en la vida cristiana*'. Hay diferentes categorías de riquezas.

- Las riquezas de su bondad - Romanos 2: 4
- Las riquezas de su Gloria - Romanos 9: 23
- Las riquezas de su gracia - Efesios 1: 7
Efesios 2: 7
- La riqueza de su sabiduría y el conocimiento - Romanos 11: 23
- Riqueza de Cristo - Efesios 3: 8

- Las riquezas de su presencia - Colosenses 1: 27
- Las riquezas de su reproche - Hebreos 11: 26
- Riqueza de los gentiles - Romanos 11: 12

La riqueza no tiene nada de malo, siempre y cuando no permitas que el peligro de ser consumido por ella o de utilizarla erróneamente tome la delantera. Las riquezas deben usarse para construir el Reino de Dios primero y luego para ayudar a los pobres, a los huérfanos y a las viudas. Dios quiere que busques las riquezas espirituales antes que las naturales, para que tengas la sabiduría necesaria para distribuir y administrar, y que Dios sea glorificado a través de tus riquezas. Debes orar para que Él te bendiga y puedas ser una bendición para otros y adorarle con tus riquezas.

Riqueza

El término "*riqueza*" significa "*riquezas, posesiones abundantes*" y "*el estado de ser rico*".

La riqueza puede utilizarse de diferentes maneras, de forma espiritual o natural. Las posesiones terrenales se relacionan con diferentes clases de personas.

Aquellos que son ricos en las cosas de la tierra y pobres en bienes espirituales - según Lucas 16: 19 - 31 y Lucas 12: 13 - 21, no están interesados en las cosas de Dios. Este tipo de pobreza te llevará al infierno!

La pobreza es un espíritu que cumple dos (2) funciones:

- Atacar al pueblo de Dios y despojarlo de las riquezas terrenales, esto puede causar la muerte o impedirle alcanzar ciertas metas, etc.

- Además, engaña a los ricos para que caminen en la pobreza de las cosas de Dios. Esta pobreza terminará con ellos en el infierno, ya que no tienen riquezas en la gloria.

Dives era rico en las cosas terrenales, pero era pobre en las cosas de Dios, y ese espíritu de pobreza lo llevó al infierno. Es mejor que andes en la pobreza en las cosas terrenales y seas rico en las cosas de Dios, que al revés, como fue el caso del mendigo Lázaro.

Los "3 grandes"

Los "3 grandes" se refieren a los tres (3) principales problemas que afectan a la humanidad. Son:

- Falta de financiación (dinero)

- Relaciones y sexo

- Enfermedad

Si el nuevo millonario puede reconocer estos problemas y cómo superarlos, y luego aplicar las soluciones a su vida, ¡entonces será diez veces más sabio en cómo adquirir y mantener sus bendiciones!

Cuando te enfrentas a estas tres (3) cuestiones, también debes reconocer y aceptar lo siguiente:

- Es necesario que busques más. De acuerdo con Mateo 6: 33, usted debe buscar a Dios aún más profundamente con respecto a estas áreas, ya que todas se relacionan con el Reino, para que Él te lleve a las soluciones.

- Debido al potencial que existe cuando tienes tu salud, finanzas y relaciones alineadas de acuerdo a los Principios Bíblicos, el enemigo lucha contra ti, porque estas herramientas son las más poderosas contra el reino de las tinieblas. Significa que con estas intactas, Dios obtendrá la gloria y el pueblo de Dios será victorioso - ¡por eso lucha!

La primera cuestión - El dinero

El enemigo siempre intenta que hables negativamente sobre el dinero, especialmente en lo que se refiere a los cristianos o a la Iglesia. Así que automáticamente te posicionas de forma incorrecta a nivel mental y espiritual para recibir riquezas o enriquecerte. Usted debe entender y aceptar el hecho de que Dios quiere que usted tenga riquezas y riqueza, pero con una mentalidad de construcción del Reino, de difusión del Evangelio; ¡junto con el celo para lograr grandes cosas para Su honor y gloria con tales riquezas y riqueza!

En medio de todo esto, debes reconocer los principios que pueden ayudarte a ir por el buen camino en lo que respecta al dinero, de forma espiritual y natural:

- Semilla, tiempo y cosecha (Génesis 8: 26)
- Principios bíblicos para la creación de riqueza (Malaquías 3)
- Asignación adecuada de nuestro dinero (Deuteronomio 8)
- La ignorancia de cómo aprovechar la unción del hombre de Dios! (2 Crónicas 9; I Reyes 10: 1 - 13)

Reconozca que la única vez que el pueblo de Dios no está contento es cuando se trata de dar DINERO! Pero debe reconocer que dar es una parte de la adoración.

El segundo tema - Relaciones/Sexo

Este es un tema que muchos no creen que tenga nada que ver con tu éxito en cualquier área porque en lo que a ellos respecta, el tema del sexo y de aquellos con los que entras en relaciones personales es un asunto privado. Sin embargo, tu desobediencia en el área de las Relaciones Sexuales y la Familia afecta todo lo que está relacionado con ti, ¡incluyendo tus finanzas!

La cosa clave a recordar es que una vez que usted rompe uno de los Principios o Mandatos de Dios, el diablo entonces tiene el derecho legal de atacarlo en cualquier área que él elija!

Muchas personas:

- Carecen del conocimiento de los principios bíblicos sobre las relaciones y el sexo

- Tienen miedo de discutir el tema del sexo

- No usaron el método correcto al elegir un compañero de vida - no emplearon los Principios Bíblicos al hacerlo. (Proverbios 31)

- No conocen el papel de los demás desde el punto de vista bíblico

- No sabe lo que dice Jesús sobre esto y la Iglesia según Efesios 5

- Falta de sumisión - ¡las esposas no se someten a sus maridos y los maridos se niegan a someterse a Dios!

- Tienen problemas por falta de dinero, por lo que no pueden disfrutar de la vida como es debido o con los demás como les gustaría.

Algunas de estas cosas pueden parecer insignificantes e incluso controvertidas, pero son importantes para Dios y a menudo determinan el alcance de sus bendiciones sobre ti.

La tercera cuestión - La enfermedad

Muchas personas enfermas hoy en día darían un millón de dólares sólo por recuperar su salud.

Nuestra salud es importante para Dios y está directamente relacionada con la salud de nuestras almas.

He aquí una serie de motivos de mala salud:

- Para dar aún más gloria a Dios. (Todo el libro de Job)
- Pecados sexuales - incluyendo la fornicación, el adulterio y la perversión
- Exposición errónea al sexo y a los lazos del alma
- Estar conectado con el linaje familiar equivocado - especialmente a través del matrimonio
- No comer bien, es decir, bíblicamente
- Desconocimiento de la brujería y la guerra espiritual
- Desobediencia a Dios (Deuteronomio 7: 15; Éxodo 15: 26)
- Maldiciones generacionales (Éxodo 34: 7)
- Falta de Finanzas que le permitan cuidar su cuerpo adecuadamente
- Falta de conocimiento de la palabra de Dios, especialmente en lo que respecta a la actividad demoníaca (Marcos 5)
- Desconocimiento del contenido, el valor nutritivo y los detalles de los alimentos que se consumen
- Desconocimiento de la importancia del consumo de agua

- Falta de conocimiento sobre la nutrición adecuada
- Falta de comprensión del Espíritu Santo
- Desconocimiento del Poder de la Palabra de Dios

A partir de esto, ustedes mismos pueden determinar qué hacer por nuestra parte para prevenir la enfermedad.

Ahora bien, la razón número uno para que Dios te bendiga tanto espiritual como naturalmente, por ejemplo con dones espirituales, la Unción en y para los negocios, o con dinero o bienes raíces y más bienes, es para el crecimiento de la iglesia que conduce a la construcción del Reino de Dios!

Dios quiere que seas una bendición para los demás. Reconoce, por tanto, que:

- Dios te da el favor porque quiere que favorezcas a los demás
- Dios te da riquezas y acceso a las finanzas porque quiere que ayudes a otros con las finanzas
- Dios te abre puertas porque quiere usarte para abrir puertas a otros

El Salmo 34 es una buena Escritura para mirar con respecto a todo esto, ya que nos da instrucciones sobre cómo obtener felicidad y bendiciones!

- **Verso 4** - te dice que busques al Señor y Él te escuchará y te librará de todos tus temores.

- **Versículo 6** - te habla del pobre que clamó y el Señor lo escuchó, y lo salvó de todas sus angustias. Evidentemente, Dios hará lo mismo por ti.

- **Versículo 7** - habla de la protección y seguridad de Dios para los que le temen.

- **Verso 8** - habla de las bendiciones y el testimonio para los que confían en Dios.

- **Versículos 9 y 10** - dice que a los que temen y buscan al Señor no les faltará nada bueno.

- **Verso 15 - 17** - dice que los ojos de Dios están siempre sobre los justos y sus oídos están abiertos a su clamor.

- **Versículo 18** - dice que Él está cerca de los que tienen un corazón quebrantado y salva a los que tienen un espíritu contrito.

- **Versículo 22** - dice que Él redime las almas de sus siervos y que ninguno que confíe en Él será condenado.

El poder para obtener una prosperidad genuina sólo reside en el Evangelio de Cristo.

El verso 2 de 2I Juan te dice que Dios reza:

"...para que prosperéis en todo y tengáis salud, así como prospera vuestra alma"

Dios lo quiere, pero sabe que no ocurrirá con todos, porque hay una falta de conocimiento y búsqueda de Él.

Al examinar todo esto, también debes entender que no toda la prosperidad viene de Dios. Alguna prosperidad es falsa y está diseñada para que usted pierda su camino hacia Dios y llegue a la vergüenza total! Ese es el plan del enemigo! Pero sólo Dios, y todo lo que Él abarca, son genuinos y permanecerán. La falsificación no durará.

Y así, de acuerdo con Génesis 50: 20 recuerda que todo lo que era malvado Dios lo cambiará para tu bien, y que de acuerdo con Romanos 8: 28, que todas las cosas trabajan para el bien de los que aman al Señor, Dios hará que parte de esta riqueza que ha sido ganada por medios injustos sea entregada a su pueblo con el propósito de construir el Reino y revelar su fuerza como el Dios verdadero y vivo.

Recuerde que Dios quiere que usted prospere espiritual y físicamente. Mateo 6: 33 te recuerda que cuanto más lo busques a Él primero, más rico serás espiritual y físicamente, ¡y todas las demás cosas te serán añadidas!

Es Dios quien da el poder para obtener riqueza - Deuteronomio 8: 18 - y te enseña a sacar provecho - Isaías 48: 17. Él te guiará por el camino que debes seguir. Por ejemplo, Él te dirigirá en las inversiones, te dará ideas de negocios, te guiará y te abrirá las puertas a las redes y a las conexiones con las personas adecuadas.

Dios habla a la humanidad

De vez en cuando, la gente dirá: "¿Lo ha dicho Dios?" o "¿Ha hablado Dios?". Otros dirán: "Dios nunca dijo eso a nadie; ¿me estás diciendo lo que piensas?" o "¡Eso es un galimatías, nada va así!" Mejor aún: "Dios no funciona así".

Entonces la pregunta es, ¿se comunica Dios con el hombre? Sólo alguien que está muerto es incapaz de hablar. ¿Está Dios muerto?

Cualquier maestro, profesor o dirigente de una organización le dirá que la comunicación es un proceso bidireccional, y que no está completa sin una respuesta de algún tipo.

Muchas veces oímos a las personas decir: "Algo me dice que no debo hacer esto" o "Mi mente me dice que no tome este autobús" o "No vayas a la esquina hoy"; sólo para darnos cuenta de que cuando obedeces, algo terrible había sucedido allí, y te salvaste de ello. Entonces, ¿quién habló?

Cómo habla Dios

Dios habla en sueños y visiones, (Génesis 20:6; Mateo 1:19-21) a través de la palabra escrita, directamente en una voz tranquila y pequeña - cara a cara o en discursos oscuros, (Números 12:6-8; I Reyes 19:12) o usa a Sus siervos para hablarte (aquellos que le sirven fielmente). Dios incluso usará un burro para hablarte (Números 22:24-27). Él usará los elementos (condiciones atmosféricas); y Él le hablará a través de sus circunstancias.

Job 33:14-16 dice: "Porque Dios puede hablar de una manera o de otra, pero el hombre no lo percibe. En un sueño, en una visión nocturna, cuando el sueño profundo cae sobre los hombres, mientras duermen en sus camas, entonces Él abre los oídos de los hombres, y sella su instrucción".

Dios muestra a los líderes diversos símbolos, incluso en sus sueños, para que puedan dirigir con eficacia. Por ejemplo, muchos de los que discuten el hecho de que Dios siga hablando, están entre los primeros en correr a los horóscopos, a los psíquicos, a los lectores de tarot, a los lectores de hojas de té o a escuchar los cuentos de viejas. La pregunta es: ¿con quién se comunican cuando van allí?

El propio arco iris que vemos de vez en cuando es una comunicación de Dios, que nos recuerda la Alianza que hizo con el hombre en la tierra (Génesis 9:13-16).

El propio color de la hierba es a menudo un reflejo de lo que ocurre en una nación. La respuesta de un animal a su instinto advierte al hombre de lo que ocurre en la atmósfera. Cuando ciertas hormigas comienzan a escarbar la tierra, nos damos cuenta de que la lluvia se acerca. Cuando vemos a las hormigas en una larga fila almacenando su comida, sabemos que se avecinan tiempos difíciles. Antes del tsunami de Tailandia (2006), todos los animales corrieron a las colinas y muchos se preguntaron por qué; era la señal de un desastre inminente.

Dios habla también a los meteorólogos (Mateo 16: 1-4). Cuando Dios hace algo atmosférico, se les está dando el mensaje para la gente a través del tiempo. Ellos informan del tiempo y dan previsiones, pero no pueden discernir el significado de lo que están viendo, por lo que no pueden informar con precisión a la gente.

Cuando la gente dice que Dios les habló, lo primero que se escuchará es que son fanáticos o que son paranoicos o incluso esquizofrénicos. Algunos se dedican a pinchar el teléfono, a grabar cintas secretas y a piratear el ordenador para obtener información. Confían más en el ordenador que en pasar tiempo y escuchar a Dios.

Oír su voz

Nuestra incapacidad para escuchar la voz de Dios puede ser costosa. Nos hace tomar decisiones equivocadas, malas decisiones, engaño, derrota, retraso y muerte. Un número de políticos, administraciones y organizaciones ya no existen, debido a su incapacidad o negativa a escuchar cuando Dios habla.

Escuchar la voz de Dios diariamente traerá crecimiento, aumento, promoción y bendición. También salvará vidas. Es fundamental que todas las personas y los líderes nacionales, antes de tomar cualquier decisión importante, busquen escuchar lo que Dios está comunicando al respecto.

Sean cuales sean los acuerdos, las actividades, las políticas, las reformas, las leyes, los cambios constitucionales o los movimientos que haya que hacer, debemos escuchar primero la voz de Dios y saber lo que Él dice sobre ellos, para poder tomar las decisiones correctas en beneficio de todos.

Capítulo 19

NO CONFÍES EN LAS RIQUEZAS

Confía en Dios y siembra tu semilla
Marcos 10: 17-22

Dios dice en Éxodo 20: 3:

"*No tendréis otros dioses delante de mí*".

Este es el primero de los diez (10) pronunciamientos (mandamientos) de Dios! Cualquier cosa que veneres más que a Dios se convierte en un ídolo. Por ejemplo, si tu confianza y tu compromiso con las riquezas son mayores que tu compromiso y tu amor por Dios, entonces Dios no es lo primero en tu vida y tus riquezas se han convertido en tus dioses.

Necesitas hacer la pregunta y ver si pasas más tiempo obteniendo riquezas en lugar de pasar tiempo ante Dios. Pregúntate cuántas horas pasas en el trabajo y en cualquier otra cosa. Luego pregúntate cuántas horas pasas con Dios. ¿Dedicas suficiente tiempo a Dios? ¿Dónde está tu lealtad? Recuerda el primer mandamiento.

Hay mucha gente que dice que sigue los Mandamientos de Dios como en Marcos 10: 19:

"*Ya conoces los mandamientos: 'No cometerás adulterio, no asesinarás, no robarás, no darás falso testimonio, no defraudarás, honrarás a tu padre y a tu madre'*".

No lo consiguen porque carecen de una lealtad incondicional a Dios.

Jesús le dio al joven gobernante rico una prueba para mostrarle que había hecho un ídolo de su riqueza. No hay nadie que pueda decir que está guardando los Mandamientos, cuando es más leal a la riqueza, al poder, a los empleos, e incluso a las personas.

Para heredar el reino, debes ser capaz de comprometerte de todo corazón con Dios. Sólo así se está dispuesto a tomar la cruz. Para que los ricos hereden el reino, tienen que estar dispuestos a partir con sus riquezas si se les pide que lo hagan para seguir a Dios.

Marcos 10: 22 revela, que muchos prefieren ir al infierno, antes que renunciar a sus posesiones. Además, Marcos 8: 37 nos dice que no tiene sentido ganar el mundo y perder el alma.

En los versículos 23 - 24, Jesús dice que es difícil que los que confían en las riquezas entren en el Reino de Dios. Ahora bien, en el reino de Dios hay muchos beneficios:

- La vida eterna
- Protección

- Curación
- Prosperidad en todas las áreas (especialmente en sus almas)
- Alegría
- Paz
- Felicidad
- El poder de Dios

Dios quiere que los ricos disfruten de todos los beneficios del reino mientras son ricos. Sin embargo, la mayoría confía más en sus riquezas que en Dios. De ahí que sea difícil entrar en el Reino de Dios.

En Marcos 10: 28, Pedro esbozó que han dejado todo para seguir a Jesús. Esbozó que los que lo dejan todo por Él obtendrán buenos rendimientos de su inversión - que han invertido en Él.

La inversión en el Reino producirá el mayor pago de beneficios y el valor de su cosecha no se depreciará. Por el contrario, recibirás un rendimiento cien veces mayor:

- Casas e inmuebles
- Familias y parientes (espirituales y naturales)
- Tierras
- La vida eterna es la clave

Las bendiciones que Jesús nos da superarán con creces las pérdidas materiales y la persecución que sufrimos en el servicio a él. 2 Crónicas 25: 9 habla de los recursos ilimitados de Dios.

En la economía del hombre, la ley de la oferta y la demanda regula el precio que se paga por los bienes y servicios. En épocas de exceso de oferta, los precios bajan, en épocas de escasez los precios suben. La economía del hombre fluctúa con los tiempos y las estaciones.

La economía de Dios no tiene escasez: la oferta siempre es igual a nuestras necesidades.

Él no quiere que a nadie de su pueblo le falte nada, sino que tenga un aumento continuo según I Tesalonicenses 4: 10 - 12. Dios siempre multiplica lo que le das.

En Mateo 17: 19 - 20 verás que los discípulos no pudieron curar al niño; no tenían la unción para hacerlo. Para obtener la unción debe haber una semilla sembrada; incluso una semilla tan pequeña como un grano de mostaza. Solo cuando se siembra una semilla se puede hablar verdaderamente a la montaña en su vida.

La montaña puede ser:

- Adversidad
- Sin
- Enfermedad
- Demonios

- Enfermedades

cualquier cosa que te impida obtener la unción.

Observe que la semilla de mostaza es muy pequeña; pero incluso una pequeña semilla puede mover enormes montañas. Jesús estaba enseñando a los discípulos la importancia de la fe de la semilla para mover la montaña. Por ejemplo, puede ser la falta de fe. Cuando llega el miedo, siembra para enfrentarlo. Siembra la semilla y nada será imposible para ti.

Un no-sembrador no caminará en ciertos niveles de unción; y alguien que camina en incredulidad al sembrar la semilla no caminará en la unción. Dios dice que siembra una semilla y habla a tu montaña y Dios la removerá.

De nuevo, las semillas de:

- 17,20 dólares de Mateo 17: 20 es la semilla de *mostaza*

- 32,15 dólares de Jeremías 32: 9 - 15 para las escrituras/casas/campos/viñas

Utilizó el número "**17**" -como en 17 siclos de plata- para comprar escrituras.

Una semilla tan pequeña como $17.20, de Mateo 17: 20 puede darte un milagro de cualquier tipo y mover enormes montañas. Esta semilla removerá piedras de tropiezo, demonios y cualquier otro tipo de montaña en tu vida.

Génesis 37: 2 nos dice que José tenía 17 años cuando tuvo el sueño de grandeza.

El número **"20"** significa **"santo; probado y aprobado"** según Apocalipsis 4:4

Ahora bien, Juan 10: 10 revela que Dios desea la abundancia, y desea dar a sus hijos la abundancia. El enemigo siempre quiere robarte las bendiciones de Dios, oprimir tus cuerpos y destruir todo lo que amas. Sin embargo, puedes detenerlo viviendo bien y sembrando la semilla. El diablo sabe que muchos del pueblo de Dios caminan en la incredulidad con respecto al tiempo de la semilla y la cosecha y tienen miedo de sembrar.

Jesús sabe que hay diferentes categorías de semillas; pero les desafió a que sembraran hasta la semilla más pequeña -incluso una semilla de mostaza- porque ¡hasta la semilla más pequeña puede crear un milagro y remover montañas!

Las riquezas no pueden redimir - Salmo 49

A estas alturas, deberías darte cuenta de que la riqueza y los bienes no pueden redimir a nadie, por lo tanto, no puedes poner tu confianza en ellos.

Ahora bien, la palabra '*redimir*' significa '*recomprar, recuperar mediante el gasto de esfuerzo o mediante un pago estipulado; hacer un pago único para descargar convertir fichas o bonos y demás en bienes o dinero en efectivo; de Dios o de Cristo liberar de ... y de la condenación; salvar rescatar o reclamar*'.

El escritor dice que los que confían en su riqueza y se jactan de la multitud de sus riquezas - ninguno puede salvar a su hermano o pagar a Dios un rescate para que su alma no vaya al infierno si no se salva.

El dinero no puede comprar la vida. Cuando llega el momento de morir, ninguna medicina moderna y todo el dinero del mundo pueden detener la muerte. Los versos 14 - 15 revelan que las riquezas en la vida no tienen la última palabra - ¡DIOS LO TIENE!

Cuando un hombre justo muera, tendrá dominio sobre la muerte. Dios redimirá su alma del poder de la tumba. Dios lo recibirá.

Dios no quiere que nadie tenga miedo cuando se enriquezca. Cuando la gloria de Su casa se incrementa - '*Gloria*' es símbolo de riqueza con su alto estatus social. Nadie puede llevar nada consigo cuando muere. Un hombre que tiene honor terrenal pero no tiene a Dios, ¡no es nada! Será como se dice en el verso 20:

"*El hombre que tiene honor y no entiende es como las bestias que perecen*".

El hombre impresionante que no opera en el reino del espíritu morirá sin más ventaja que un animal. El fracaso del hombre rico en aceptar a Cristo significa que nunca verá la luz.

Capítulo 20

EL AYUNO: LA MAYOR ARMA SECRETA DEL NUEVO MILLONARIO

El ayuno es una de las armas más efectivas que cualquier persona puede utilizar. Hay muchos tipos diferentes de ayuno que se usan para lidiar con problemas y crisis en los negocios, problemas de salud individuales, y con el propósito de protección o para un avance. De hecho, ciertos avances no pueden ocurrir sin el ayuno y la oración.

Como millonarios, no pueden lograr ciertos tipos de avances sin el ayuno.

Hay siete (7) ayunos bíblicos que usted puede hacer para recibir avances. Jesús enseñó a sus discípulos a ayunar. En Mateo 6: 16 - 17 Él nos instruye a:

- ✓ Lavarse la cara y
- ✓ ¡Unge nuestra cabeza!

Los siete (7) principales ayunos

EL RÁPIDO	DURACIÓN DEL RÁPIDO	LA ESCRITURA	EL OBJETIVO
Esther Fast	**3 días - Sin comida ni agua***	**Ester 4: (esp. 16)**	Este es el ayuno para las crisis y para traerte un gran favor y protección. Este ayuno también evita cualquier complot contra ti.
Daniel Fast	**10 días - ¡Sólo verduras y agua!**	**Daniel 1: 9 - 21**	Para probar a Dios en su favor Para una mejor apariencia Aumento de peso Éxito en las entrevistas y en los grandes negocios Para conocimientos y habilidades en toda la literatura Para aumentar la sabiduría de Dios Interpretación en sueños y visiones Ser 10 veces mejor que la oposición o cualquier otro reino que no sea de Dios!

EL RÁPIDO	DURACIÓN DEL RÁPIDO	LA ESCRITURA	EL OBJETIVO
Ayuno de 21 días (Daniel)	**21 días - ¡Sólo agua y verduras!**	**Daniel 10: 2 - 3**	Este Ayuno traerá la revelación divina de diferentes maneras con respecto a: 1. Nuevos negocios 2. Cosas que vienen 3. Cómo invertir También liberará las bendiciones que el enemigo ha estado y/o está reteniendo de ti. Siempre hay fuerzas malignas y espirituales que obstaculizan nuestras bendiciones. Este ayuno también revela la interpretación de esas cosas que Dios revelaría.
Ayuno de 3 días	**3 días - ¡Sin carne!**	**I Samuel 30: 11 - 12**	Este ayuno es para la curación física y también ayuda al cuerpo a eliminar toxinas y promover la buena salud!

EL RÁPIDO	DURACIÓN DEL RÁPIDO	LA ESCRITURA	EL OBJETIVO
Isaías 58 Rápido	**1 día: 6 am - 6 pm**	**Isaías 58**	Antes del ayuno: Debe haber Arrepentimiento (tanto de los individuos como de las naciones). Suelta los lazos de la maldad Para deshacer las pesadas cargas Para dejar libres a los oprimidos Para romper el pesado yugo Para la curación (individuos o naciones) Protección y bendición Para que Dios responda a las peticiones. Liberación de la injusticia política, económica y social. Orientación Disposición Restauración Construcción y reurbanización Luz y crecimiento Justicia Prosperidad Justicia y santidad

EL RÁPIDO	DURACIÓN DEL RÁPIDO	LA ESCRITURA	EL OBJETIVO
Ayuno de Consagra ción	**3 o 7 días - Sin carne, sin dulce**	**Joel 1: 13-14**	Este ayuno es para las naciones, las iglesias, las empresas y estas organizaciones tendrían que reservar un tiempo para este propósito. Ellos cerrarían las operaciones para la Consagración. Este Ayuno debe ser hecho por el sacerdote para las naciones y también la iglesia, especialmente cuando las bendiciones son retenidas de la Casa de Dios. Dios quiere que ellos ayunen y oren toda la noche para que los recursos regresen. Los lideres de la iglesia deben reunir toda la asamblea para tratar con el pecado corporativo en la Iglesia y la Nación. El hambre es un juicio de Dios. El crimen, la violencia, las malas condiciones económicas, son también ejemplos de juicio de Dios. Los incendios que queman y consumen propiedades y hectáreas de tierra, la escasez de agua, la desecación de lagos, manantiales y ríos, ¡son juicio de Dios! Este Ayuno cambiará las cosas en la Iglesia y en las Naciones! Lo que sucede

EL RÁPIDO	DURACIÓN DEL RÁPIDO	LA ESCRITURA	EL OBJETIVO
Ayuno de arrepentimiento	**1 - 7 días - Sin carne, sin dulce**	**Joel 2: 12**	en las naciones afecta a la Iglesia, pero la Iglesia tiene la llave para dirigir a las naciones! Para particulares, naciones, iglesias y empresas El arrepentimiento es la clave de la prosperidad. Cada vez que Dios quiere bendecir a su pueblo siempre lo llama al arrepentimiento. Dios se preocupa por su pueblo. Por eso dice en Juan 10: 10 "El ladrón no viene sino a robar, y a matar, y a destruir. Yo he venido para que tengan vida y la tengan en abundancia".

Abundantemente" significa **"excesivamente, desbordante, sobrante, más que suficiente, más que suficiente, extraordinariamente o por encima de lo ordinario"**.

Más sobre el ayuno de Joel 2

El plan de Dios desde el principio era que el hombre se enriqueciera y tuviera una vida próspera y abundante. Cada vez que Dios quiere bendecir, dice que hay que acudir a Él de todo corazón, con ayuno, llanto y lamentación.

El versículo 14 muestra la bondad de Dios! Dios siempre quiere bendecirte incluso en nuestro estado pecaminoso; pero al arrepentirte, **"se volverá y se arrepentirá, y dejará una bendición tras de sí: una ofrenda de grano y una libación para el Señor tu Dios..."**

Dios quiere que te arrepientas, no quiere que el mundo te gobierne, ¡eres suyo y te ama!

Este ayuno de Joel 2 (Arrepentimiento) traerá beneficios según el versículo 18.

- El Señor se refrescará
- El Señor será celoso de su tierra y se apiadará de su pueblo

Y según el versículo 19 lo hará:

"... responderá y dirá a su pueblo: "He aquí que os envío grano, vino nuevo y aceite..."

Esto significa provisión, prosperidad, avivamiento en los negocios, las naciones, las iglesias - no se puede sobrevivir sin el Espíritu de Dios y sus bendiciones.

- Él levantará a su pueblo y su pueblo ya no será un reproche.

- Dios eliminará las cosas muertas; las cosas que asolan nuestra economía, los negocios, las ganancias y demás. Ya no habrá pérdidas.

- Habrá crecimiento, nuevas ideas de negocios, restauración de cosas que fueron robadas, perdidas o muertas, ¡ya sea en negocios, iglesias o naciones!

- Incluso las bestias no tendrán miedo porque el hambre no les afectará.

- Los pastos también volverán a brotar!

- Será el tiempo de la cosecha otra vez - ¡la lluvia anterior! Esto significa que habrá aguaceros celestiales de bendiciones, prosperidad, sabiduría, manifestación espiritual y crecimiento en todas las áreas!

Dios no sólo te va a dar las bendiciones pasadas, sino que estas bendiciones anteriores te alcanzarán! Se experimentará un gran aumento, crecimiento, desarrollo y riqueza!

Entiéndase que el término "lluvia *antigua" se refiere a* la lluvia de otoño que coincide con el tiempo de la siembra. Por otro lado, la "lluvia tardía" es la lluvia de primavera que ocurre justo antes de la cosecha - ¡el derramamiento de lluvia refrescante que renueva la fertilidad de la tierra reseca! Desde un punto de vista espiritual, al hacer referencia a estos términos, ¡hablan del derramamiento del Espíritu de Dios que trae la renovación espiritual en ti!

El Espíritu Santo es la clave para traer prosperidad a una nación, a un individuo o a las empresas. Todo lo que Dios

quiere es que usted entre en arrepentimiento, ayune, clame y se aparte de su dirección pecaminosa y sea bendecido por Él. Entonces después de esto Él hará el derramamiento mayor, a través de sueños, visiones, revelación divina, profecía, y así sucesivamente. Un gran avivamiento y renovación tendrá lugar.

Otros ayunos

Además de los siete (7) ayunos, hay otros que quizá no sean tan comunes, ¡pero que sin duda son igual de eficaces!

El ayuno de Esdras: El ayuno para el avance espiritual y la protección -Ezra 8: 21 - 23

Al leer esta Escritura verás que Esdras llamó a un ayuno nacional para:

- Busque a Él para que los guíe
- Búscalo para los jóvenes
- Buscar la protección de sus posesiones

Esdras no pidió soldados y jinetes para ayudarles contra el enemigo, él había hablado con el rey sobre el Dios al que servía; él sabía, como siervo de Dios, que la mano de Dios estaría sobre aquellos que son ***para*** Dios - que lo buscan primero según Mateo 6: 33. Recuerda, Él prometió Guía y Protección de los enemigos.

El Señor también sabe que su poder y su ira están en contra de los que lo abandonan. (Ver 2 Crónicas 15: 2;

Salmo 34: 12 - 16; Jeremías 29: 11 - 14) Pero Él estará contigo si lo buscas.

Esdras 7: 24 dice: "*También os informamos de que no será lícito imponer impuestos, tributos o costumbres a ninguno de los sacerdotes, levitas, cantores, porteros, netinim o servidores de esta casa de Dios.* "

La Escritura dice claramente que la Casa de Dios y su siervo no deben pagar impuestos.

El sacerdote Esdras, basándose en la sabiduría que Dios le había dado, estableció magistrados y jueces. Además, recibió instrucciones para enseñar a los que no conocían las leyes y los estatutos de Dios. (2 Crónicas 17: 7; Esdras 7: 10; Malaquías 2: 7 y Deuteronomio 16: 18 - 22)

Ahora, hay varios beneficios adicionales como resultado de este ayuno de Esdras, incluyendo:

- Humildad
- Orientación
- Protección
- Liberación
- Asistencia

Este ayuno es efectivo por lo anterior. Muestra que Dios es nuestra seguridad. Ningún sistema de seguridad humano puede librarnos como Dios. Él guardará nuestras sustancias.

El ayuno implica una negación sacrificada de los alimentos necesarios, mientras se dirige la atención a la búsqueda de Dios. Durante esa negación, Dios quiere que renuncies a algo para conseguir tu avance -carne, helado, café, cerveza, cigarrillos, arroz, sexo- debes estar dispuesto a renunciar a algo que amas para obtener resultados.

También puedes reducir tus gastos de seguridad realizando este ayuno, sabiendo que tu primera protección viene de Dios.

Cuarenta días de ayuno

Este ayuno tiene numerosos beneficios

- Dominio
- Potencia
- Reversión de la sentencia

Deuteronomio 9: 18 - 29 y Éxodo 24: 18 revelan que al hacer este Ayuno, la primera efusión del Espíritu de Dios será sobre ti, y te sacará del desierto y de todos los demás lugares de lucha.

Sin comida ni agua durante 40 días - Jesús también hizo este ayuno Lucas 4: 1 - 2. Este ayuno libera el Espíritu para que camines en lo sobrenatural.

Los ayunos de los meses

Esto viene de Zacarías 8: 18 - 19 que dicen:

"*Entonces vino a mí la palabra del Señor de los ejércitos, diciendo: 'Así dice el Señor de los ejércitos: El ayuno del cuarto mes, el ayuno del quinto, el ayuno del séptimo, el ayuno del décimo, serán alegría y gozo y fiestas alegres para la casa de Judá. Amad, pues, la verdad y la paz. '*"

Hay varios meses específicos a lo largo del año en los que el ayuno puede ser más eficaz.

El ayuno del cuarto mes - abril (en nuestro calendario). El número cuatro (4) significa "Reinado y Gobierno sobre los reinos y la creación" según el Génesis 1; 16 y 18 - 19. Por lo tanto, estos son los beneficios que se derivarán como resultado del ayuno durante este mes.

El ayuno del quinto mes - mayo. El número cinco (5) significa la gracia, la bondad de Dios, el servicio, los impuestos, la deuda y el pecado según Génesis 1: 20 - 23; Génesis 41: 34; Levítico 21: 31. Por favor, tenga en cuenta que Egipto no estaba pagando los diezmos al Dios verdadero y vivo, y eso fue lo que causó la plaga. José se dio cuenta de eso!

El ayuno del séptimo mes - julio. El número siete (7) significa "*completo, descanso, acabado, perfección*". (Génesis 2: 1 y 3) Este número también significa "*cancelación de la deuda*" *Deuteronomio* 15: 1 - 2. Traerá bendiciones espirituales sobre una nación!

El ayuno del décimo mes - octubre. El número diez (10) significa "prueba, diezmo, tentación, juicio". También significa "medida para el propósito, aceptar o rechazar"

Malaquías 3: 10; Apocalipsis 2: 10; Daniel 5: 27. Dios puso diez plagas sobre Egipto como juicio.

Al obedecer la palabra de convocar estos ayunos, los individuos y las naciones recibirán beneficios como los descritos en Zacarías 8: 18 - 19. Los ayunos nacionales se transformarán en alegres fiestas! Si las naciones comienzan a aplicar estos principios, entonces Dios bendecirá poderosamente. Las promesas de Dios se cumplirían sobre las naciones y los individuos.

Todas las naciones tienen un propósito que cumplir en la tierra, y es el deber de los líderes averiguar de Dios cuál es el propósito para el que su tierra fue creada. Deben hacer las siguientes preguntas:

- *"¿Está esta nación cumpliendo su propósito según el plan de Dios?"*

- *"¿Estamos dando a Dios la oportunidad de desempeñar su papel en la construcción de nuestra nación?"*

¿Cuál es la Palabra Profética para tu nación? Si Dios puede usar a Egipto para ayudar a otras naciones (Génesis 41), ¿no puede usar a tu nación para ayudar a otras naciones?

Una vez que una nación aplica los Principios Bíblicos, entonces Dios los bendecirá tanto que la gente de otras naciones viajará y visitará esa nación para:

- Comercio

- Establecer negocios
- Invertir en otras zonas del país, y también
- Busca la fuente de la que procede esa sabiduría, que es Jesucristo.

Zacarías 7: 8 - 14 revelan que la desobediencia resultará en el cautiverio. Así que Dios está llamando a las naciones al arrepentimiento para que Sus bendiciones vengan sobre ellas.

Capítulo 21

ORACIONES Y DECLARACIONES PARA EL NUEVO MILLONARIO

Aquí hay varias confesiones que todo nuevo Millonario debe declarar para recibir y mantener las victorias.

La confesión del multimillonario

En el nombre de Jesucristo yo **(inserte su nombre aquí)** *declaro que:*

¡Soy multimillonario!

Estoy lleno de sabiduría divina.

Soy el más ungido para hablar sobre la riqueza y los principios bíblicos para las generaciones venideras!

Me apoyo en Hageo 2: 8 - la plata es mía, el oro es mío dice el Señor de los Ejércitos. Dios me ha concedido 2 Crónicas 1: 12 que dice:

"Se te conceden la sabiduría y el conocimiento; y te daré riquezas y riqueza y honor, como no lo ha tenido

ninguno de los reyes que te precedieron, ni lo tendrá ninguno después de ti".

El Señor me abrirá su buen tesoro, los cielos para dar la lluvia a mi tierra en sus estaciones. Dios bendecirá todo el trabajo de mis manos. Prestaré a muchas naciones, pero no pediré prestado. El Salmo 50: 10 - 11 dice:

"Porque mía es toda bestia del bosque y el ganado de las mil colinas. Conozco todas las aves de los montes, y las fieras del campo son mías".

Señor, vende algunos de esos a efectivo y activos y libéralo todo para mí ahora en el nombre de Jesús!

*Como dice 2 Crónicas 9: 22 - 23, yo (***inserte su nombre aquí***) superé a todos los reyes de la tierra en riquezas y sabiduría. Y todos los reyes de la tierra buscarán la presencia de (tu nombre aquí) por la sabiduría divina que Dios ha puesto en mi corazón.*

2 Crónicas 9: 13 - 14 declara que me llegarán regalos en abundancia de reyes, reinas, empresarios, pobres, huérfanos, viudas, Hacienda, bancos, mercaderes, comerciantes y gobernantes. Pesos de oro vendrán a mí anualmente - ¡seiscientos sesenta y seis talentos!

Según el versículo 24, ***"cada uno traía su regalo; artículos de plata y oro, vestidos, armaduras, especias, caballos y mulas a una tasa establecida año tras año".*** **[NB. "... caballos y mulas..." eran vehículos en aquella época;**

así que para hoy, se refiere a vehículos de todo tipo - coches, autobuses, aviones, etc.].

Declaro que esta bendición tendrá efecto ahora en el nombre de Jesús.

Declaro y recibo la unción, el favor y la gracia de Dios para permanecer humilde! AMÉN!

Confesión de errores en los negocios

Padre, en el nombre de Jesús, confieso y libero todos los errores que he cometido en las relaciones de negocios, el mercado de valores, el comercio y con los socios de negocios. Confieso y libero todos los errores que he cometido al discernir erróneamente los socios de negocios y los motivos; a través de la mala gestión, confiando en las personas equivocadas, inclinándome a mi propio entendimiento, ¡no buscando al Señor profundamente antes de tomar decisiones!

En este momento, me libero de todas las malas experiencias del pasado, en el nombre de Jesús, y te doy las gracias Señor por traer nuevas puertas, nuevas oportunidades, nuevas inversiones, nuevas ideas, nuevos amigos, nueva sabiduría y te doy las gracias por el gran futuro que nos espera.

Te agradezco que sea el nuevo millonario y que me lleguen millones de, los 7 continentes. Todas mis transacciones a partir de hoy se convertirán en millones y billones!

Libero todos los recuerdos amargos, el orgullo, la ofensa y te doy las gracias por la victoria en el nombre de Jesús.
¡Amén!

Confesión para la liberación financiera

Dios todopoderoso, mi Padre celestial, vengo a ti por medio de

Jesucristo mi Señor y Salvador, y DECRETO Y DECLARO que ninguna arma formada contra mí prosperará, según Isaías 54: 17. Por lo tanto:

Rechazo la esclavitud financiera

Rechazo la carencia y la pobreza

Rechazo a la recesión y a la deuda

Convierte mi deuda en victoria con bendiciones que rebosan, llena todas mis vasijas vacías y no dejes que los acreedores se enseñoreen de mí. Realiza ese milagro como lo hiciste con la viuda en 2 Reyes 4: 1 - 7, que recibió un desbordamiento. Convierte este desbordamiento en ventas y deja que el aceite de la bendición rebose por y en nosotros, según el versículo 6. Según Mateo 6: 12 perdona nuestras deudas como nosotros perdonamos a nuestros deudores y no nos dejes caer en la tentación sino líbranos del maligno - especialmente a los acreedores - porque tuyo es el Reino y el poder y la gloria por siempre.

Rechazo el pecado, la enfermedad y, las enfermedades, en el nombre de Jesús

Rechazo las risas del enemigo hacia mí en el nombre de Jesús.

Convierte mis errores en bendiciones en el nombre de Jesús y úsame para atraer dinero en el nombre de Jesús. Que el favor venga de todas las direcciones en el nombre de Jesús. Cada nación dará en mi vida!

Declaro que toda mi deuda será condonada o pagada en su totalidad, por un favor inusual o por personas a las que Tú hablas, ¡en el nombre de Jesús! AMÉN!

Para más oraciones poderosas que traerán grandes victorias a la vida del Nuevo Millonario, se pueden encontrar en el libro ¡La **Oración Funciona!** © 2008

Capítulo 22

SOBRESALIR EN LA DONACIÓN

2 Corintios 8

Al examinar esta Escritura, te das cuenta de que Pablo estaba hablando a la Iglesia de Corinto con respecto a dar a las iglesias más pequeñas.

Hay muchas iglesias ricas que tienen millones de dólares en cuentas de ahorro, propiedades inmobiliarias, certificados de depósito, bonos y otros activos inactivos; y tienen equipos por valor de millones de dólares almacenados y oxidados. Ellos podrían dar ayuda a las iglesias más pobres. Pablo desafió a la Iglesia de Corinto con respecto a la Gracia de Dar.

2 Corintios 8: 7 revela que mientras los Corintios habían mostrado tanto celo (Ver también I Corintios 1: 4 - 7) y estaban enriquecidos en todo - en fe, conocimiento, pronunciación, diligencia, dones espirituales y no les faltaba nada tangible - les faltaba gracia para dar. Eran ricos en los reinos de los dones espirituales y las finanzas y la gracia de Dios estaba en su pasado, presente y futuro. Pablo estaba diciendo que como ellos abundan en toda gracia, ellos deben abundar en la gracia de dar.

Dar es un acto de amor, según I Juan 3: 16 - 19, y Santiago 2: 15 - 16; no sólo a los más cercanos a ti, sino a tus hermanos y hermanas necesitados, que tienen una obra que realizar o una visión dada por Dios que llevar a cabo. Hay muchos en este momento, que son más que capaces de ayudar económicamente, pero no están dispuestos a hacerlo. ¿Está el amor de Dios en ellos?

El amor se muestra no sólo en actos heroicos de abnegación, sino en una vida cotidiana de compasión. 2 Corintios 8: 8 nos hace saber que el don que se da debe ser voluntario. 2 Corintios 9: 5 - 7 dice:

"*Por eso he creído necesario exhortar a los hermanos a que acudan a ti con antelación y preparen de antemano tu generoso donativo, que habías prometido previamente, para que esté listo como una cuestión de generosidad y no como una obligación a regañadientes. Pero esto lo digo yo: El que siembra escasamente, también cosechará escasamente, y el que siembra generosamente, también cosechará generosamente. Así pues, que cada uno dé como quiera en su corazón, no a regañadientes ni por necesidad, porque Dios ama al que da con alegría.*"

El mayor y más inspirador ejemplo de generosidad es la gracia de Jesús.

En Efesios 4:4, la unidad espiritual es la clave de la guerra espiritual. Es la unidad en el espíritu. Esto formaba parte de la vida y la enseñanza de la Iglesia primitiva. Causar división entre el pueblo de Dios era un asunto muy serio en la iglesia primitiva como debería serlo hoy. Pablo instruye sobre este asunto en Tito 3: 9 - 11.

Hechos 4: 32 - 33 hablan de que el pueblo tenía un solo corazón, una sola alma. Ninguno de ellos dijo que algo de lo que poseían era suyo, sino que tenían todas las cosas en común.

Hechos 4: 33 dice:

"*Y con gran poder los apóstoles dieron testimonio de la resurrección del Señor Jesús. Y una gran gracia fue sobre todos ellos*"

"*Y con gran poder...*" significa con gran fuerza, especialmente física. Habla de Dominio, Autoridad, energía, poder gran fuerza, gran habilidad, y transformación dramática. Esta es la norma para la iglesia llena del Espíritu!

Unidad espiritual

Según la Escritura, respiraban espiritualmente juntos; lo compartían todo y tenían todas las cosas en común. Testificaban con gran poder y una gran gracia estaba sobre todos ellos - Hechos 4: 23 - 31 - un acuerdo, una voz juntos.

En el momento en que la Iglesia empiece a caminar con un solo corazón y una sola alma -un sólo acuerdo-, llegará el avivamiento. La Iglesia debe compartir juntos teniendo una cosa en común. Dios no se complace con aquellos que invocan Su nombre mientras tratan de traer división en el Cuerpo, predicando la segregación en el Cuerpo. Los pecadores están más unidos en lo que hacen que la Iglesia.

Si es "*un solo Señor, una sola fe, un solo bautismo, un solo Dios y un solo Padre de todos, que está por encima de todo y en todos vosotros...*", entonces ¿por qué no se puede tener un solo corazón, una sola alma, compartiendo todas las cosas?

Un acuerdo

Filipenses 2: 1 - 2 habla de "un acuerdo", que habla de ser de la misma mente, tener el mismo amor y la unidad espiritual. También lo hacen Juan 17: 20 - 23, Hechos 2: 42 - 47; Efesios 4: 3 - 6; I Pedro 3: 8; y 2 Crónicas 30: 12.

El Espíritu Santo es una fuente de unidad. Él nos reúne en unidad. (Gálatas 3: 28) Algunas personas están más interesadas en estar en unidad con su denominación, que en el ministerio del Espíritu Santo

Los bloqueos - diferencias raciales, culturales o sociales, niveles de educación, posiciones, estatus financiero, creencias políticas, se interponen entre los cristianos. Cristo debe ser lo primero y lo más importante y hay que dejar de lado las cosas secundarias. (I Corintios 13: 1 - 13; Filipenses 4: 1 - 6)

El Espíritu Santo es el único que puede causar la soltería de corazón, que resultará en la obediencia a los reyes y líderes.

El Salmo 133: 1 habla también de la Unidad. Te ayuda a reconocer que para que las naciones obtengan ese tipo de intervención de Dios, primero deben obedecer las instrucciones de Dios. Deben permitir que Dios sea el centro y el primero de todos. Entonces, Él traerá la unidad. Ningún hombre puede traer la unidad; ¡Dios trabaja en el corazón del hombre para traer la unidad!

Una oportunidad para ser bendecido

Ahora invertir en el Reino de Dios es la mayor oportunidad que tienes para ser una bendición y ser bendecido. Cuando se te da la oportunidad de dar e invertir en la Casa de Dios y en las vidas de los hombres y mujeres de Dios, no seas como otros que dan excusas como:

'*Ya estoy dando a la caridad*'.

Proverbios 19: 17 dice: "*El que se apiada del pobre presta al Señor, y Él le devolverá lo que le ha dado*".

O algunos dicen,

'*Tendré que rezar por ello*'.

Pero a lo largo de toda la Santa Biblia el Señor ya te amonesta y te da el visto bueno para dar. Recuerda que nunca perderás nada por dar a la Casa de Dios y al hombre y la mujer de Dios.
Pero cuando se siembra en el Reino de Dios, es una inversión de por vida, que Dios nunca olvidará. Una semilla puede cambiar el corazón de Dios, según Génesis 8: 20 -22, cuando Dios dijo que nunca más maldeciría la tierra.

En Génesis 9, Dios bendijo a Noé y a su familia por la semilla que sembró. Puede que no sea una bendición económica, pero su familia estará protegida y tendrá paz y buena salud.

Ahora mira los beneficios en Lucas 7: 1 - 10 dados a los que construyen el Reino.

El siervo del centurión estaba enfermo y a punto de morir. El centurión envió a los ancianos de los judíos a Jesús pidiéndole para que viniera a curar a su siervo. Cuando llegaron ante el Señor Jesús, le contaron las cosas que el centurión había hecho por el pueblo de Dios y su Casa. Dijeron que él:

- Amó a la nación
- Les construyó una sinagoga

Por eso, su siervo fue liberado de la muerte y Dios lo resucitó porque invirtió en el pueblo de Dios y en la Casa de Dios.

Dios será más rápido en sanar a los enfermos que han sembrado en el Reino de Dios. (Ver también Hechos 9: 36 - 42)

Una persona que se niega a sembrar cuando Dios habla, perderá su cosecha y Dios le dará esa cosecha a alguien más que sea fiel. Sólo recuerda, cuando Dios te dice que des, es porque Él tiene una cosecha en mente que quiere liberar para ti.

Cómo ser bendecido para recibir una promoción

Mateo 10: 30 - 42 y Marcos 9: 41 te dicen que los que dan apoyo a los mensajeros del Señor recibirán bendiciones.

Al recibir a los representantes del Señor - Apóstoles, Profetas, Evangelistas, Pastores Maestros y el hombre o mujer que sirve a Dios - ¡usted lo está recibiendo a Él! Los representantes de Dios pueden desbloquear cualquier bendición en tu vida, incluyendo la sanación y la liberación.

Elías y la viuda

I Reyes 17: 8 - 16 habla de una viuda que estaba casi sin alimentos y a la que se le pidió que diera lo último al Profeta de Dios, Elías. Se le dijo que si lo hacía, Dios le daría una provisión indefectible. Esta mujer superó el miedo y respondió con fe, y Dios fue fiel a su promesa. Su obediencia la libró de la hambruna, los problemas financieros, las deudas y la liberación de una gran bendición: el milagro para su hijo.

Recuerda esto, las bendiciones vienen a ti, pero puedes rechazarlas por tu desobediencia.

En 2 Reyes 4: 1 - 7, se ve que el profeta Eliseo tuvo la unción para sacar a la viuda de sus deudas, mientras le dejaba más que suficiente para vivir. La unción en la vida de los Profetas desbloquea el milagro que deseas.

En 2 Reyes 4: 8 - 37, la mujer sunamita era rica pero sabia. Mira el milagro que recibió al alimentar al hombre de Dios! Además, hizo una pequeña habitación superior, y esa semilla resucitó la visión que parecía muerta: concibió un niño. Su semilla continuó dando fruto al dar al profeta

La presencia profética detendrá todo ataque contra ti y resucitará toda cosa muerta.

María Magdalena

Mira la vida de María, esbozada en Lucas 8: 1 - 3 y Juan 12: 1 - 8. Ella sembró en el ministerio de Jesús. Ella también sembró caro nardo, ya que lo utilizó para ungir los pies de Jesús. Su valor era de trescientos (300) denarios. Un (1) denario era el salario de un día, así que esto era el equivalente a aproximadamente 10 meses de salario. Mientras que otros estaban confundidos por sus acciones, estaba claro que ella entendía la condición de sierva. Como resultado, fue la primera en ver al Señor resucitado. (Marcos 16: 1 - 10; Juan 20: 1 - 18)

En Lucas 10: 38 - 42, Marta tenía una preocupación legítima. Quería asegurarse de ser una anfitriona adecuada. Pero la preocupación de María era ser una discípula adecuada: escuchar su palabra, hacerla y apoyar el ministerio de Jesús. Eso es lo que se necesita.

Mira lo que pasó en Hechos 2: 44 - 47; Hechos 4: 32 - 37, y mientras lees, ¡date cuenta de que no hubo falta!

Eliseo y Elías

2 Reyes 2: 1 - 17 te muestra que para que Eliseo reciba la impartición de Elías, tuvo que quedarse con él y servir. Es esta actitud de servicio la que permitió a Eliseo recibir la doble porción de la unción para su ministerio. El término 'servir' aquí significa él:

- Le dio al hombre de Dios

- Levantó la mano del hombre de Dios (Llevó a cabo todo lo necesario para asegurar que el hombre de Dios pudiera cumplir con su tarea.

- Se puso en la brecha para el hombre de Dios

- Siguió al hombre de Dios a Betel, Jericó, el Jordán y dondequiera que fuera

El manto era un símbolo de autoridad que le permitiría realizar milagros.

Es importante reconocer algunas cosas.

- Las maldiciones pueden causar hambre 2 Samuel 21. Vuelve a los cimientos y trata los pecados de los antiguos líderes o de la administración. Arrepentimiento, restitución, semilla y ofrenda por el pecado y Dios escuchará las oraciones de la tierra. 2 Samuel 24: 25 habla de las plagas.

- Busca siempre la oportunidad de dar; esto te liberará de promociones/recompensas que te sacarán de deudas y aumentarán tu salario/ingreso. (I Crónicas 10: 6) I Samuel 17: 25 habla de las recompensas para resolver problemas y traer promoción.

Los poderosos de David

I Crónicas 11: 10 te dice que estos hombres supieron servir - hicieron de David su rey. Se fortalecieron con él y fueron fieles al líder. Pusieron sus vidas en juego por sus líderes!

(1 Crónicas 11: 17 - 20) Tres (3) se enfrentaron a trescientos (300).

Según Lucas 5, como los pescadores le prestaron a Jesús su barca para llevar el evangelio, su obediencia creó un milagro que no era habitual. Los pescadores sabían que el mejor momento para pescar era la noche. Se esforzaron por pescar toda la noche. Pero al obedecer a Jesús, éste les soltó la instrucción profética de remar mar adentro. Lucas 5: 6 - 7, pescaron tanto que sus redes se rompían; ¡tuvieron que hacer una señal a sus socios y a otras personas del sector para que les ayudaran a aprovechar esta pesca! Su semilla les cambió la vida y pudieron pasar de una profesión a otra. Pudieron sobrevivir de esa captura durante mucho tiempo; sus socios comerciales podían limitarse a trabajar mientras ellos trabajaban para Dios. Al leer Éxodo 36: 1 - 7, se ve que los hijos de Israel traían ofrendas voluntarias cada mañana, para construir el santuario. Moisés tuvo que restringir al pueblo de dar, porque estaban trayendo más que suficiente para construir. Dios está llamando de nuevo a su pueblo a traer la ofrenda voluntaria para que sean bendecidos.

También pueden traer, según el Éxodo 35: 22, joyas de aretes de oro, narigueras, anillos y collares como ofrenda para construir!

Capítulo 23

EL PODER DE UNA SEMILLA

En la cristiandad, se considera semilla todo lo que se da, ya sea a una Iglesia/ministerio o a una persona, particularmente, pero no sólo, a un hombre o mujer de Dios para que sea una bendición o satisfaga una necesidad. Lo que se da toma las características de una semilla natural y germina y crece y trae una cosecha tanto para el que da como para el que recibe. Salomón entendió el Principio de la Semilla y por eso fue tan sabio - fue una semilla lo que le hizo recibir gran sabiduría. Date cuenta de que, en general, una semilla abre puertas y da acceso. Además, una semilla:

- Detiene las plagas y trae la reforma a una nación - 2 Crónicas 15: 11
- Hace que la palabra profética se cumpla en tu vida - Génesis 15
- Trae la curación - Génesis 20: 14 - 20
- Te da una gran sabiduría, según 2 Crónicas 1

- Libera para ti el conocimiento, las riquezas y los bienes, según 2 Crónicas 1: 12

- Trae grandes personas en su medio para financiar su visión - 2 Crónicas 9: 9

- Trae la paz a una nación - 2 Crónicas 15: 3 - 8

- Te permite entrar en un pacto con Dios, porque según 2 Crónicas 15: 12, no puedes entrar en un pacto con Dios sin una semilla

- Abre los cielos para liberar nuevas ideas de negocio - 2 Crónicas 1: 13 - 17

- Detiene a los enemigos (incluso durante una hambruna) y hace que se abran pozos - Génesis 26; Malaquías 2: 19

- Rompe maldiciones, incluyendo maldiciones generacionales y financieras - Génesis 8: 20 - 22

- Trae la liberación y detiene el diluvio - Génesis 8: 1 - 5

- Cambia el corazón de Dios - Génesis 8: 21 – 22

- Trae bendición, aumento y fruto para ti y tu familia - Génesis 9: 1 (NB '9' significa '*cosecha, fruto, fructificación, fruición*')

- Siempre permite que Dios recuerde su pacto con usted - Génesis 9: 13 - 17

- Te trae a ti y a tus oraciones como un memorial ante Dios y por lo tanto te trae el favor - Act 10: 1 - 4

- Puede dar 100 veces más si se siembra en buena tierra - Génesis 26: 12

- En conjunto con la obediencia trae una bendición tridimensional de acuerdo con Génesis 26: 12 - 13, por lo que usted:

    - Empieza a prosperar
    - Seguir prosperando
    - Ser muy próspero

- Deja que tu enemigo te tema y te abandone - Génesis 26: 16

- Permite encontrar tesoros y pozos ocultos - Génesis 26: 19

- Que Dios se te aparezca y te bendiga - Génesis 26: 24

- Permite recibir la bendición de su padre. Esta es también la semilla de la herencia - Génesis 27

NB El Génesis es el primer libro y habla de la herencia en el capítulo 27. Por lo tanto, la semilla de la herencia es 127, es decir, 127 dólares.

1 - Creación, primero, rango, orden

2 - Dividir, juzgar, separar, discernir

7 - Completar , terminar, descansar

La Semilla de la Herencia te libera rápidamente la herencia de tu padre.

Curiosamente, Génesis 27: 27 - 29 revela que la bendición de tu padre espiritual o natural te libera tres (3) tipos de bendiciones:

- Prosperidad material
- Supremacía política
- Maldiciendo a todos tus enemigos

Reconoce que cualquier cosa que se oponga a Dios, a tu futuro, a la visión que Dios te ha dado, a tu prosperidad, y en general a cualquier cosa que quiera detenerte es tu enemigo. Esta semilla hará que obtengas esa bendición espiritual o natural que el enemigo quiere robarte. Como resultado y de acuerdo a la palabra de Dios en Génesis 12: 3, Dios lo hará:

"...bendice a los que te bendicen y... maldice al que te maldice..."

Otras razones para la siembra de semillas

Hay otras razones por las que debes sembrar semillas. Por ejemplo,

- Para obtener el conocimiento de la revelación - Génesis 15: 7 - 20
- Para recibir su deseo, junto con la sabiduría y el conocimiento del siervo de Dios - 2 Crónicas 9: 9 - 12

- Sembrar tus primicias y pagar tus diezmos te traerá grandes bendiciones - 2 Crónicas 31: 5 - 10

Además, debes reconocer que según I Crónicas 21: 18, una buena semilla detiene las plagas y frena el juicio.

Rangos de liderazgo para las donaciones

Líderes nacionales

2 Crónicas 24: 12 - 14 revela claramente que los Reyes, Reinas, Primeros Ministros y Presidentes deben sembrar la semilla (dar dinero y recursos) para la reparación del templo para que la nación sea bendecida. Además, 2 Crónicas 35: 7 - 8 anima a los líderes a sembrar semillas durante la Pascua a los sacerdotes por un total de 30.000 unidades y 3.000 unidades adicionales de sus posesiones personales. Hoy en día, eso podría ser 30.000 dólares y 3.000 dólares adicionales de sus posesiones personales.

El número '*30*' significa '*aceptable, conforme, maduro*'. Significa llegar a un nivel de madurez que requiere que nos conformemos a la imagen de Dios para que al final seas aceptable para Él y ante Sus ojos. (Romanos 8: 29, Números 4: 3) Por lo tanto, una vez que hay conformación, entonces uno ha llegado a la madurez y aceptabilidad.

Bíblicamente, una persona no podía comenzar a servir en el templo (comenzar su ministerio) hasta que tuviera treinta (30) años de edad. Jesús y José sirven como ejemplos principales, según Números 4: 3, Lucas 3: 23, Génesis 41: 46 y Salmo 105: 19.

Según 2 Samuel 5: 4, David también tenía treinta (30) años de edad, cuando fue promovido.

Cabe destacar que el número "3" significa "*conformar, obedecer, imitar y trinidad*", como revela Génesis 1: 9, 11 y 13.

Al sembrar la semilla de $30,000, el rey estaba conformándose, obedeciendo para ser próspero. Recuerde que todos los números significan algo bíblicamente /cristianamente.

Los líderes bajo los líderes de la nación

En 2 Crónicas 35: 8 se muestra que los líderes del rey darían al sacerdote y su administración durante la Pascua dos mil seiscientas unidades ($2600)

2000 -Madurez de juicio (buen juicio)

600-Imagen del hombre

Los líderes del rey siguieron el buen ejemplo dado por su líder - el rey - lo que demostró madurez/buen juicio. Josué 3: 4 te dice que Josué instruyó que hubiera un espacio entre ellos y sus líderes, y que los siguieran.

Familiares del Rey

2 Crónicas 35: 9 establece que el hermano de un rey, reina, primer ministro o presidente debe dar cinco mil (5000) unidades ($5000). Nótese que el número "5" significa

"*gracia, servicio maduro, vida*". (Ver también Levítico 27: 31 y Génesis 41: 34)

Sembrar la semilla de la Pascua es un deber para todos los líderes, y los individuos que quieren tener éxito en la vida. Dios debe ser obedecido a toda costa; y una vez que se hace, traerá grandes bendiciones.

Unas palabras sobre la cosecha

Puedes mirar a un hombre rico e identificar el área de carencia en su vida - esto nos dice que hay carencia en otras áreas de su vida. Por lo tanto, comprenda que:

- El don de dar es un regalo de Dios
- La riqueza es una bendición de Dios. La riqueza de Job fue el resultado de la bendición de Dios. La bendición de Abraham es la riqueza de Dios liberada!

Con todo lo dicho hasta ahora, la pregunta en este momento es: "*¿Cómo determina alguien cómo y dónde sembrar?*".

He aquí cómo:

- Obedecer la voz de Dios - Deuteronomio 28: 1
- Sembrar donde el Señor manda - Deuteronomio 12
- Aceptar que es Dios quien da el incremento y no el hombre - I Corintios 3: 6

Debes reconocer que la gente siempre se sentirá atraída y querrá dar basándose en el estatus terrenal del hombre y no en las instrucciones de Dios. Sin embargo, también debes saber que dar basado en las instrucciones de Dios llevará la mayor cosecha.

Muchos en el Cuerpo de Cristo no han recibido y no pueden recibir completamente su cosecha, porque no están escuchando y obedeciendo las instrucciones de Dios para ellos sobre dónde e incluso cuándo sembrar. En cambio, ignoran la iglesia local y dan a los ministerios e iglesias grandes creyendo que hay una mayor bendición allí debido a su tamaño.

Sin embargo, no todo está perdido, porque Dios está levantando profetas financieros para devolver la riqueza a la iglesia local, ¡y no sólo en un área!

Debes reconocer y aceptar varios principios subyacentes del Reino de Dios:

- El Reino de Dios funciona de manera similar al sistema del árbol. Si no se planta una semilla para que nazca un árbol no habrá cosecha. (Mateo 7: 17 - 20)

- El sistema de Dios es el sistema bancario original. Cuando depositas, recibes devoluciones con intereses añadidos. (Mateo 25: 14; Lucas 19)

Los principios de Dios y su Reino siempre garantizan el retorno y la bendición de lo que se siembra.

El poder de dar y sembrar

Según 2 Rey 4: 8, dar y sembrar la semilla:

- Abre los vientres para concebir una visión o un hijo
- Rompe la esterilidad
- Devuelve la vida a las cosas viejas y les da resistencia y vitalidad
- Abre la puerta a una bendición profética en tu vida, y
- Una semilla puede darte un milagro entre 7 - 9 meses, para cosas que parecen imposibles; el período para el momento del parto, ya sea un niño o una visión
- Al alimentar al hombre de Dios, construyendo una habitación superior, traerá gran prosperidad a su familia.
- Trae una bendición que parece una maldición y rompe la maldición de no concebir y trae la bendición.

En aquellos tiempos era habitual -aunque no sancionado por Dios- que un hombre tomara una segunda esposa, cuando la primera era estéril. Cualquier mujer que no pudiera dar a luz era vista como una maldición.

1 Samuel 1: 3 - 5 afirma que verás que Elcana obedecería las leyes presentándose ante Dios como se indica en Deuteronomio 12: 5 - 7. El iría a recibir la bendición

llevando sus diezmos y ofrendas que son semillas. (Deuteronomio16: 6)

En Lucas 2: 41 - 42 se ve a los padres de Jesús caminando en obediencia asistiendo a las Fiestas cada año según la costumbre, para recibir la bendición.

Al leer esto, te das cuenta de que cada vez que se trataba de dar ofrendas, el marido de Ana daba una doble porción. La doble porción:

- Crea el milagro
- Hace callar a todos sus opositores y rivales
- Silencia a los enemigos para que puedas sonreírles
- Abre el vientre

Además, de acuerdo con I Samuel 1: 21, el marido lleva el mando en esta Escritura. Por otro lado, la esposa en 2 Reyes 4: 8 tomó el mando para que su casa recibiera la bendición.

Capítulo 24

HECHOS BÍBLICOS SOBRE LA SEMILLA

La palabra de Dios en Eclesiastés 11: 6 dice:

"*Por la mañana siembra tu semilla, y por la tarde no retengas tu mano, porque no sabes qué prosperará, si esto o aquello, o si ambos por igual serán buenos*".

Como ya se ha establecido, la semilla incluye el dinero, la palabra de Dios, el amor, las oraciones de intercesión y cualquier cosa que pueda ser dada para ser usada como herramienta para crear tu futuro. La Escritura te recuerda que debes seguir sembrando porque nunca sabes lo que va a prosperar. Solo siembra y deja que crezca según Eclesiastés 11: 3 - 4.

Discernir las condiciones del mercado con el conocimiento humano natural no nos ayudará. Todos los negocios deben ser discernidos espiritualmente porque Dios es el que hace todas las cosas. Quien intente discernir adecuadamente por lo que ve naturalmente no caminará en la prosperidad. No se puede discernir por las condiciones naturales del mercado. Eclesiastés 11: 4 nos dice que el viento natural no es lo que debes observar.

Eclesiastés 11: 5 te dice además que el Viento Espiritual, que es el Espíritu Santo, es lo que debes observar, particularmente en los negocios. Juan 3: 8 declara que para entender el viento, debes nacer de nuevo.

Sembrando para la provisión diaria

Sembrar la semilla es un principio imperativo y obligatorio que se hace por varias razones desde el punto de vista bíblico. Hay muchas cosas para las que se puede sembrar semilla, y una de ellas es la Provisión **Diaria**. Éxodo 16 habla de sembrar para la Provisión Diaria. Así que usted puede, por ejemplo, sembrar **$16 basado en Éxodo 16 para** su Provisión Diaria. Adicionalmente, usted puede sembrar una semilla de $11**.03** de Lucas 11: 3 para el pan del cielo - su Provisión Diaria.

Es interesante notar que esta semilla para la Provisión Diaria le permitirá a Dios darle una doble porción para que no tenga que trabajar en el Sábado o Domingo - el día de adoración. Dios no quiere que Su pueblo trabaje en el día de adoración, y es por eso que Él da una doble porción. Usted puede sembrar esta semilla y pedirle al Señor que permita que Su gloria se revele en sus finanzas

Dios quiere que su pueblo lo haga:

- Descansar de la pobreza
- Descansar en su día de culto en lugar de trabajar para pagar las facturas

- Siembra, que las semillas se pueden producir para la siembra sobre una base diaria.

El número "16" significa "*sin fronteras, sin limitaciones, de espíritu libre, sin ley y sin pecado*", según Romanos 4: 15 y Hechos 27: 34, 37 - 38.

'*Maná*', era el nombre hebreo dado por los israelitas al pan que venía del cielo diariamente. El término significa y tenía el sabor del cilantro, una hierba que produce semillas y que crece de 2 a 3 pies de altura.

Además de la semilla de la Provisión Diaria, se puede sembrar una pequeña semilla de 6,13 dólares de Mateo 6: 13 para lo siguiente:

- Protección contra las tentaciones
- Protección contra los malvados (sus planes y esquemas)
- La manifestación del poder y la gloria de Dios para siempre, con el propósito del reino

Recuerda que una pequeña semilla puede producir una gran cosecha.

Pan y Riqueza

Aquellos que son ricos deben vivir según la Palabra de Dios si esperan mantener su riqueza. Hay varias claves simples para los ricos basadas en Deuteronomio 8: 3 con respecto a este asunto.

- No sólo de pan vive el hombre, sino de toda palabra que sale de la boca del Señor

- ➢ El pan natural no puede alimentar el alma

- ➢ No puede haber supervivencia del alma sin el pan cotidiano de la Palabra de Dios, el maná, que ya se explicó anteriormente.

- ➢ La oración que se encuentra en Mateo 6: (especialmente el versículo 11) fue alentada por Jesús. Sin el pan de cada día, las necesidades físicas no pueden ser atendidas, incluyendo:

  - Perdón de los pecados
  - Revelación para la cancelación de la deuda
  - Revelación para el avance

La palabra, según I Pedro 2:2, te permite crecer; no puedes crecer sin la Palabra, ¡y menos espiritualmente! Recuerda esto:

- ➢ Toda palabra que sale de la boca de Dios es vida

- ➢ Toda palabra que sale de la boca de Dios siempre trae una solución a tus problemas

El hombre no puede sobrevivir sin la palabra de Dios; por lo tanto, estar demasiado ocupado para Dios y su palabra conducirá a problemas crecientes.

Curiosamente, los hombres estudian cómo hacer millones, pero muchos no estudian la palabra de Dios que les dice cómo vivir y mantener los millones que ganan. No estudian:

- Cómo ser un buen administrador
- Cómo poner a Dios en primer lugar

- Cómo ser rico y tener paz
- Cómo el Señor da riquezas

y todo se encuentra en el Deuteronomio 8: 1 -2

Ahora, al leer y entender la palabra de Dios, te darás cuenta y sabrás que tu fuente original y básica de vida es Dios. También reconocerás que las grandes riquezas, los magníficos bienes raíces, el aumento de los activos, los negocios, las acciones que rinden bien, los activos líquidos, el oro, la plata - todo en lo que has prosperado (Deuteronomio 8: 12 - 14) debe ser atribuido a Dios. No debes olvidar al Señor que da el incremento. Ten en cuenta que:

- Cuando leas la Palabra te darás cuenta de que no debes tocar la gloria de Dios y decir que es tu poder y tu mano lo que te ha hecho ganar tu riqueza. (Deuteronomio 8: 17)

- Cuando leas la Palabra recordarás que es Dios quien te da el poder para conseguir la riqueza. (Deuteronomio 8: 18)

- Cuando leas la Palabra te darás cuenta de que tu riqueza es con el propósito de establecer Su pacto. (Deuteronomio 8: 18) Por lo tanto, debes diezmar, sembrar la semilla, construir la Iglesia de acuerdo a Malaquías 3: 10, Génesis 8: 22 y Hageo 1, para que Su pacto sea establecido por y a través de ti.

No uses tu riqueza para seguir a otros dioses, que no son el Dios verdadero y vivo. Servirlos y adorarlos sólo conduce a la destrucción, no sólo de ti y de tu familia y negocio, sino también de la nación.

Dios no quiere que tengamos hambre del pan natural, de las cosas naturales del mundo solamente, sino también de la Palabra de Dios, según Lucas 4: 4. Si no tienes hambre de las cosas de Dios, esto te hará dar de sus derechos y bendiciones, y adoran al diablo y a las cosas del mundo, según Lucas 4: 5 - 8.

La esterilidad y el nacimiento

El término "*esterilidad*" tiene varios significados desde el punto de vista espiritual y natural. Por lo tanto, es importante entender el término y todo lo que conlleva.

'*Barrenness*' es:

- El estado de ser infructuoso e incapaz de producir o reproducirse
- Estar sin las facilidades, los recursos para realizar o dar una cosecha de los propios esfuerzos, semillas o depósitos; vacío; vacío de poder, fuerza o energía.

La esterilidad es la ausencia de frutos en el esfuerzo propio o la incapacidad de producir frutos provechosos. Puede provenir de maldiciones generacionales, o puede ser una maldición liberada por Dios (Deuteronomio 7: 13 - 15). También puede provenir del enemigo.

Hay varias mujeres en la Biblia que eran estériles, pero el Señor anuló su esterilidad para cumplir su promesa a través de la profecía. En todos los casos, la palabra del Señor fue enviada para cambiar las condiciones y eliminar las barreras que impedían el embarazo - espiritual o natural.

De la esterilidad nacen grandes cosas.

- Ana dio a luz a Samuel - I Samuel 1: 20
- Sara dio a luz a Isaac - Génesis 21: 1 - 7
- La mujer sunamita dio a luz un hijo - 2 Reyes 4: 8

2 Reyes 2: 21 habla del lugar estéril. El profeta utilizó la sal y rompió la esterilidad. Como resultado:

- La tierra se volvió fructífera
- La casa se volvió fructífera
- Los negocios se volvieron fructíferos
- Las iglesias se vuelven fructíferas

Para romper la esterilidad debes emplear las siguientes herramientas:

- Oración y ayuno
- Siembra de semillas
- Clamando al Señor Dios
- Obediencia

La esterilidad es una especie de hambre también, como en I Reyes 17. Nótese la instrucción del Señor que se le dio a la viuda en el versículo 10:

"... '*Por favor, tráeme un poco de agua en un vaso, para que pueda beber*'. *Y cuando iba a cogerla, la llamó y le dijo:* '*Por favor, tráeme un bocado de pan en la mano*'."

Al leer la historia de la viuda y Elías, reconoce que como resultado de su obediencia a la instrucción, su hambre se rompió y su hijo fue restaurado a la vida.

Capítulo 25

BENDICIÓN DEL LIDERAZGO A TRAVÉS DE LA SEMILLA

Salmo 72 y I Reyes 2

El Salmo 72 fue dedicado a la prosperidad de Salomón, al principio de su reinado. I Reyes 2 son las instrucciones de David al líder:

- Sé fuerte y demuestra que eres un hombre
- Guarda el cambio del Señor, tu Dios
- Camina en sus caminos, guarda sus estatutos y mandamientos, sus juicios y su testimonio

Esto traerá prosperidad en todo lo que hagas y donde quiera que vayas. Que todas las promesas habladas por el Señor para ti se cumplan - proféticas - sueños y visiones

Todos los líderes piadosos darían un cambio/bendición para que los que van a tomar el manto obedezcan el cambio que llevará a la prosperidad. Dios desea que todos sus líderes caminen en prosperidad de acuerdo a I Reyes 2: 4. Nos pide que

- Camina en la verdad ante Dios

- Amad a Dios con todo vuestro corazón y con toda vuestra alma, entonces el linaje continuará

El líder también instruiría al nuevo Líder/Administración quien vigilará a quien y a quien mostrará bondad, a quien juzgar y remover de la Administración cuando asuma el cargo - como en I Reyes 2: 5 - 8.

Leyendo el antiguo pacto, puede que ya no sea un rey obediente a la ley de Moisés; sino un rey obediente a los Principios Bíblicos y a la instrucción de Jesús si quieren ser prósperos -como en I Corintios- natural y espiritualmente.

En I Reyes 2: 5, David expone a Salomón la conducta del Jefe del ejército, cosas que había hecho después de terminada la guerra - 2 Samuel 3: 27. Esto trajo su castigo como un asesino - según 2 Samuel 20: 10.

David le indicó claramente a Salomón que debía ocuparse de las personas que él (David) no había tratado. Si hay personas que son asesinas, o están en las fuerzas de seguridad y no han sido llevadas a la justicia, sepa que esto puede afectar a una Administración. (2 Reyes 2: 31)

Un rey sabio a veces tiene que poner medidas para hacer frente a los factores rivales; y a otros levantamientos que afectan a una Administración; esto para que la Administración se mueva con tranquilidad.

Hay algunas personas en las organizaciones a las que hay que vigilar de cerca, como se ve en I Reyes 2: 36.

Las semillas salomónicas

La sabiduría de Salomón es conocida por muchos a través de los tiempos hasta la fecha; y hay semillas que pueden ser sembradas para recibir algo de la sabiduría divina que él tenía. Tome nota de estos tres (3) puntos:

- El Salmo 72 fue dedicado a la prosperidad de Salomón - 72 Semillas
- El número "7" significa "*completo; todo terminado; descanso*" (Génesis 1, 6 y 8)
- El número "2" significa "*dividir, juzgar, separar, discernir*".

Sembrar esta semilla de la Palabra dará las siguientes bendiciones:

- Un reinado justo 72: 1 - 4
- Un reino universal 72: 5 - 11
- Un reinado compasivo 72: 12 - 14
- Un reinado próspero 72: 15 - 17
- Un reinado glorioso 72: 18 - 20

Al regar la semilla con la oración, el rey descargará fielmente la justicia de Dios sobre las naciones.

Cuando un rey o un líder gobierna bien, con justicia y compasión, la propia tierra reacciona:

- Habrá paz en la nación.
- Los montes y las colinas darán sus frutos
- Se revelarán los tesoros ocultos
- Una gran prosperidad llegará a los individuos y a la nación
- Habrá expansión del territorio
- Los reyes y líderes de diferentes naciones sembrarán en tu ministerio como lo hicieron con la administración de Salomón. El Salmo 72: 15, por ejemplo, habla de cómo Saba sirvió a Salomón con sus riquezas.

El Salmo 72: 16 habla de abundancia de grano en la tierra (prosperidad) para los de la ciudad. El verso 17 habla de la bendición de los hijos de todas las naciones serán bendecidos. En Génesis 12: 12, Dios bendecirá a todos los que te bendigan y maldecirá a los que te maldigan.

Quien maldice la autoridad de Dios, Dios siempre le devolverá la venganza según I Reyes 2: 5 - 8. Hay algunas cosas que debes comprender:

- Dios quiere que su pueblo sepa que todas las bendiciones vienen de Dios (Salmo 1)
- No debes tomar las bendiciones de Dios a la ligera (Salmo 23)

- Cuando prosperes, no pienses que es tu intelecto o tus calificaciones académicas, reconoce que es Dios

- Cuando Dios te bendice, todo se vuelve más fácil, el favor caerá en su lugar, el dinero caerá en su lugar y la sabiduría caerá en su lugar!

- Todo éxito en la vida se debe a las bendiciones de Dios

- Las bendiciones del Señor, a través de nuestras vidas traerán a toda la tierra, se llenará de su gloria según Nehemías 9: 5 y Hebreos 2: 14

Capítulo 26

NUEVAS SEMILLAS PARA LA VERDADERA PROSPERIDAD

Aquí hay algunas Semillas importantes que necesitarán sembrar como Nuevos Millonarios que harán que no sólo reciban la verdadera riqueza, sino que también la mantengan.

Escritura	Explicación	Cantidad
Isaías 50: 4 - 9	Esta semilla es poderosa. Te dará la lengua de los sabios y se maravillarán de cómo hablas (Juan 7: 46) Siempre sabrás decir una palabra en la estación al que está cansado Dios abrirá tu vista y tu oído cada mañana para que escuches como el docto Sus oídos se abrirán a un nivel superior Dios siempre te ayudará y ninguna desgracia caerá sobre ti Triunfarás en todas las batallas legales, espirituales o naturales	**$50, $50,000**

Escritura	Explicación	Cantidad
Isaías 50: 10 - 11	Toda la riqueza de Dios pertenece a su pueblo; y para conseguir la riqueza de Dios, tendrás que sembrar para ello. Él dice que el ganado de las mil colinas le pertenece. Las aves de las montañas y las bestias salvajes del campo son suyas. El número *'50' se* relaciona con el ministerio, al igual que *'30'* según Números 4: 23. Como se discutió anteriormente, "30" *se refiere al* carácter de los ministros. Sin embargo, *"50" se refiere* al *servicio.* Salomón tenía quinientos cincuenta (550) líderes sobre su fuerza de trabajo, según I Reyes 9: 23. Lucas 9: 14 nos dice que Jesús instruyó a sus discípulos para que permitieran a la gente que estaba alimentando sentarse en grupos de cincuenta. El número cincuenta (50) también se refiere al *"jubileo"*. Además, Pentecostés fue cincuenta (50) días después de la Pascua.	**$50, $50,000**

Escritura	Explicación	Cantidad
Salmo 46	Según el Génesis 1: 14 - 19, el número "4" significa "*reina/gobierna (cielo y tierra), luz (día/noche), signos y estaciones*". También significa "*resurrección*" según Juan 11. El número '6', según Génesis 1: 24 - 31 y Apocalipsis 13: 18, representa '*hombre, imagen, dominio, someter, carne (provisión), trabajo, fruto/fructificación, multiplicar, prosperidad, finanzas y almas*'. El número "40" significa "*dominio, regla, aceptable o inaceptable*". Una vez identificados los beneficios del número "46", he aquí otros que provienen del Salmo 46: Siempre está presente Él da fuerza Él da refugio, cobertura y protección Él limpia y da paz, refugio, vida, unción y seguridad	**$46**

Escritura	Explicación	Cantidad
Amos 9: 13	Al sembrar esta semilla, cosecharás tan rápidamente, la bendición será tan grande que será muy difícil terminar un ciclo antes de que comience el siguiente. Esta semilla también traerá estabilidad, seguridad, restauración de las cosas que se perdieron. El número "9" significa "*cosecha, confianza, veracidad, fructificación*" según Lucas 17: 17 y Hebreos 13: 15 Esta bendición es para los que siembran la semilla, pues como dice el versículo 13: "'*He aquí que vienen días', dice el Señor, 'en que el labrador alcanzará al segador, y el pisador de uvas al que siembra la semilla; los montes gotearán vino dulce, y todas las colinas fluirán con él'*". Así que las bendiciones alcanzarán a los que siembran la semilla. Este es el tiempo y la temporada en que Dios, según el versículo 11, Restaurar el tabernáculo Reparar sus daños Reconstruye las ruinas como en los días de antaño para que la Gloria de Dios se manifieste en cada área de nuestras vidas. Cabe destacar que también llegará la demostración del poder del Reino en todos los ámbitos de la nación, sobre todo en el ámbito de las finanzas y la política	**$9.13, $913, $913,000**

Escritura	Explicación	Cantidad
Amós 9: 13 (continuación)	***Cabe destacar*** Toma nota y entiende que sólo aquellos que están dispuestos a sembrar para la construcción del Reino experimentarán la gloria, la riqueza, el poder, el favor de Dios en los últimos días. El pueblo de Dios ya no será la minoría. Serán los dueños de la tierra. Ellos dominarán en los últimos tiempos. El pueblo de Dios se beneficiará de su trabajo. No trabajarán en vano. ¡Ora más! Las mismas ciudades de desecho que construyan, las habrán de habitar. Muchos del pueblo de Dios han construido o producido productos de primera línea, pero no pueden habitarlos o poseerlos. Esto va a cambiar. Ellos los construirán y vivirán en ellos (serán dueños). Todo lo que Dios quiere es que su pueblo permanezca fiel en la siembra para construir el Reino. Esta Promesa debe ser cumplida porque esto es parte de la posesión de la tierra que Él prometió a Abraham y sus descendientes - ¡y ustedes son sus descendientes!	**$9.13, $913, $913,000**

Escritura	Explicación	Cantidad
I Reyes 17	Para que la unción advierta a los reyes de la sequía y del peligro inminente que se avecina, además del favor y la gracia de Dios. Que Dios proveerá una viuda rica para alimentarnos en el tiempo de la hambruna Que recibirá más soluciones para la situación económica	**$17, $1700, $17,000**
Deuteronomio 28: 14	Esta semilla se siembra para que Dios libere su bendición prometida sobre ti, de acuerdo con su palabra, por tu obediencia.	**$28, $28.14, $2,814, $28,014**
Salmo 31: 20	Esta semilla te protege de: Las tramas del hombre La lucha de las lenguas Debes darte cuenta de que la lengua puede causarnos daño, especialmente las palabras pronunciadas por quienes tienen autoridad. De vez en cuando, la gente hablará en contra de ti, de tu propiedad, lo que resultará en tu lucha y dificultades. La lengua es un arma, como se encuentra en Santiago 3: 6. Aquí la lengua: Es un fuego Es un mundo de iniquidad Puede contaminar todo el cuerpo La verdadera fuente del mal indómito producido por la lengua es el infierno. La lengua escupe un veneno mortal y es manipulada por espíritus malvados	**$31.20, $3,120, $31,020**

Escritura	Explicación	Cantidad
Isaías 54: 17	Esta semilla te protege de las malas conspiraciones, de las acusaciones, de la lengua; Dios frustrará todas las malas conspiraciones y condenará todas las lenguas contra ti.	**54.17, $5,417, $54,017**
Jeremías 5: 14	Esta semilla es para la Unción de Fuego - que es para que Dios toque tu lengua para que Su palabra venga con fuego	**$5.14, $514, $5.01**
Isaías 61	Esta semilla es para el ministerio. Sin embargo, un individuo también puede sembrar esta semilla para su familia para que Dios los bendiga y los use. Es para que: La unción para la sanación vendrá sobre los líderes y el ministerio Dios utilizará el ministerio para proclamar la libertad a los cautivos El ministerio proclamará el año agradable del Señor El ministerio será llamado el árbol de la justicia El ministerio reconstruirá las antiguas ruinas y levantará las antiguas desolaciones Dios usará el ministerio para consolar a los que lloran Dios dará a los dirigentes y a los miembros belleza en lugar de cenizas, aceite de alegría en lugar de luto y espíritu de alabanza en lugar de tristeza	**$61, $61,000**

Escritura	Explicación	Cantidad
Isaías 61 (continuación)	El ministerio, sus líderes y miembros comerán las riquezas de los gentiles y en su gloria se jactarán los líderes y miembros En lugar de la vergüenza, los líderes y miembros del ministerio recibirán doble honor En lugar de confusión, habrá regocijo en la tierra y la alegría doble y eterna pertenecerá al ministerio, sus líderes y miembros La descendencia del ministerio será conocida entre los gentiles y su descendencia será conocida entre los pueblos y quien los vea los reconocerá Los extraños estarán de pie y alimentarán el rebaño del ministerio Los hijos de los extranjeros serán labradores y viñadores del ministerio, sus dirigentes y sus miembros; los dirigentes y los miembros serán conocidos como los sacerdotes del Señor y serán llamados siervos de Dios El Señor hará brotar la justicia y la alabanza del ministerio ante todas las naciones El ministerio, sus líderes y miembros son la posteridad que el Señor ha bendecido	**$61, $61,000**

Escritura	Explicación	Cantidad
Trabajo 5: 21	Esta semilla sella la promesa de que estarás oculto del azote de las lenguas y no temerás la destrucción cuando llegue. Siembra esta semilla para domar la lengua	**$5.21, $521**
Trabajo 5: 15	Esta semilla salva a los necesitados: De la espada/destrucción De la boca del poderoso De sus manos	**$5.15, $515**
Trabajo 5: 19	Esta semilla es: Para librarse de los problemas Que nadie te toque	**$5.19, $519**
Trabajo 5: 20	Esta semilla es para Liberación en la hambruna Liberación en la guerra y de la muerte	**$5.20, $520**
Trabajo 5: 22	Esta semilla se siembra que: Puedes reírte de la destrucción y el hambre No tendrás miedo de la bestia de la tierra	**$5.22, $522**
Job 42:12	Esta semilla es para : El restablecimiento de la riqueza de Dios Prosperidad	**$42.12, $4,212**
Éxodo 23: 23	Esta semilla es: Para la conquista, que Dios enviará ángeles para ir delante y cortar al enemigo Para que puedas poseer la tierra y sus riquezas La eliminación de los obstáculos (los 6 demonios)	**$23.23, $2,323**

Escritura	Explicación	Cantidad
Apocalipsis 5: 12	Esta semilla es para que Dios libere las siete (7) bendiciones de lo alto y te dé los siete beneficios incluyendo el descanso de tus enemigos.	**$512**
Isaías 26: 2 (Leer 1 - 4)	Esta es la semilla de la inmigración que Dios abrirá las fronteras y las puertas y liberará el favor para habitar en la tierra. También es para la Paz, la salvación, la salud, la felicidad, la creatividad	**$262**
Salmo 147: 14	La semilla de la paz y la prosperidad	**$147.14**
Isaías 54	La semilla de un Pacto de Paz y Prosperidad	**$54**
Isaías 55: 5	La semilla de la vida abundante y la restauración	**$55.05, $555**
Isaías 60: 17 - 18	**60: 17** - Prosperidad en una Nación / Paz con los Políticos, Líderes de la Nación Líderes de la Iglesia y Negocios **60:18 - La** justicia y el aumento de la producción	**$60.17** **$60.18**
Isaías 10: 27	La semilla de la unción para destruir el yugo. Esto incluye yugos financieros, mentales o físicos - cosas que te mantienen en esclavitud. ***<u>Cabe destacar</u>*** Viene un día en el que los males terminarán, los cinco oficios funcionarán de nuevo para liberar al pueblo de Dios; de la misma manera que Dios liberó al pueblo bajo Moisés, y con Josué en Jueces 7: 25	**$10.27**

Escritura	Explicación	Cantidad
Salmo 105: 15 - 20	La semilla de la liberación para los que están sufriendo - los que estaban bajo el yugo. ***Cabe destacar*** A los que sufren por el desarrollo de su carácter les ha llegado la hora de su liberación y de juzgar a los enemigos. El término "*liberar*" significa "*dejar libre, liberar, desatar, permitir que se mueva de una posición fija, ponerlo a disposición, liberar de los derechos de otro, desatar la bendición espiritual o natural*". Una temporada de juicio y justicia divina viene sobre todas las naciones alrededor de Israel; e *Israel* se refiere al pueblo de Dios. Viene un tiempo en el que Dios aumentará, traerá la salvación a su pueblo y el castigo a los rebeldes. Él restaurará su orden justo en la tierra. El pueblo de Dios se levantará y derribará las fuerzas espirituales impías.	**$105.15, $105.20**
Salmo 20: 2 - 4	Por la fuerza y la ayuda del Santuario Para que Dios se acuerde de tus ofrendas	**$20.02, $20.03, $20.04**

Escritura	Explicación	Cantidad
Isaías 11: 2	Para que la sabiduría divina, el consejo, la fuerza, el conocimiento y el entendimiento estén sobre ti Que el Espíritu del Señor esté sobre ti	**$11.02, $1,102**
Salmo 112	Una semilla para que Dios libere una bendición integral Para que tus descendientes sean poderosos en la tierra y la generación de los rectos sea bendecida Para que la riqueza y las riquezas estén en tu casa Que habrá luz en la oscuridad para ti Que Dios sea clemente, compasivo y justo contigo Que Dios guíe tus asuntos con discreción Que nunca serás sacudido Para que tengas un recuerdo eterno Para que no tengas miedo de las malas noticias y tu corazón esté firme, confiando en el Señor Para que veas tu deseo sobre tus enemigos Para que puedas dar a los pobres Que tu cuerno será exaltado con honor y los malvados lo verán y se afligirán Que el deseo de los malvados perecerá	**$112**

Capítulo 27

2 CRÓNICAS 1 Y I REYES 3

Estas Escrituras son importantes para que el Nuevo Millonario entienda, porque hablan de la sabiduría dada por Dios a aquellos que la buscan y la riqueza que se añade cuando se busca la sabiduría de Dios. De hecho, es la sabiduría de Dios la que da las riquezas y los bienes. Esta Escritura nos ayuda a reconocer:

- Que una semilla es lo que mueve a Dios a darte sabiduría y riqueza - 2 Crónicas 1: 6

- Después de sembrar tu semilla no tengas miedo de pedirle a Dios lo que quieres de Él - 2 Crónicas 6: 7

- Salomón pidió a Dios la misericordia que tuvo con David - 2 Crónicas 1: 8

- Salomón entendió que el holocausto sólo debía ofrecerse en el lugar que el Señor Dios eligiera - 2 Crónicas 1: 6 (Ver también Deuteronomio 12: 13 - 14)

- Salomón pidió sabiduría y conocimiento para juzgar al pueblo sobre el que Dios lo puso - 2 Crónicas 1: 10 (Ver también I Reyes 3: 9)

- Dios es el que determina la medida de la bendición que recibes en base a lo que hay en tu corazón - 2 Crónicas 1: 12. Además, según el versículo 11, debes conocer tu lugar de bendición - su Gabaón - en el tiempo final. Curiosamente, es en el versículo 12 donde se ve que Dios es el que bendijo al propio Salomón.

- Dios es quien te fortalece y exalta en el Reino - 2 Crónicas 1: 1

- Dios le dio a Salomón un corazón sabio y comprensivo - I Reyes 3: 12

- Cuando tu corazón está bien y complaces a Dios, Él siempre te da cosas adicionales que ni siquiera pediste - 2 Crónicas 1: 11 y I Reyes 3: 13

- Dios siempre alarga tus días en función de que cumplas sus instrucciones - I Reyes 3: 14

- Dios habló e hizo la promesa profética a Salomón en un sueño, y todavía lo hace hoy. Dios no utiliza a nadie sin que se declare una declaración profética - I Reyes 3: 5 - 15. Del mismo modo, en Génesis 15: 1 - 6, Dios hizo la promesa a Abraham en un sueño.

- Dios siempre hace un pacto y da la bendición y la impartición en un sueño - I Crónicas 1: 7 - 12. Del mismo modo, en Génesis 27: 10: 22 los sueños de Jacob enfatizaron la gracia iniciadora de Dios al asegurarle que Él es el Señor del pasado, del presente y del futuro. Jacob se convirtió en la tercera (3ª) generación en recibir la promesa de la Alianza de Abraham.

Desde los días de la antigüedad hasta esta era actual, los Principios de Dios han llevado a muchos a grandes lugares y a grandes riquezas. Él desea que usted siga estos principios y ejemplos para que usted también pueda experimentar la plenitud de Sus bendiciones y caminar en la verdadera riqueza.

Los pobres y necesitados a la condición de rey

Aunque Salomón era hijo de un rey, y finalmente se convirtió en rey, es importante que sepamos que Dios también bendecirá y utilizará a los pobres y necesitados y los promoverá a la condición de rey.

En el Salmo 113: 6, Dios se humilló para contemplar las cosas que hay en los cielos y en la tierra. Jesús dio su vida, la cual fue humildad, para contemplar las cosas que están en el cielo y en la tierra para que puedas recibir la bendición.

En el Salmo 113: 7 - 8, el Señor revela que Él levanta al pobre del polvo y levanta al necesitado del montón de cenizas, para sentarlo con los príncipes de su pueblo.

Dios ve a todos, según Génesis 16, a los pobres, rechazados, necesitados y olvidados, y Él es su Dios. Incluso a la esclava egipcia y a su hijo, Dios los bendijo y multiplicó su descendencia en gran medida. El Señor siempre escucha nuestras aflicciones y nos ve. Él es ***Beer Lahai Roi*** - el Dios que me ve.

- Josué 2: 4 y 6: 17 hablan de Rahab, la prostituta que se convirtió en la tatarabuela de un rey: el rey David.

- El libro de Rut habla de la moabita, una extranjera insignificante de una tribu despreciada por los israelitas, que se convirtió en la bisabuela de uno de los mayores reyes de Israel: el rey David.

Por lo tanto, el indigente que ignoras hoy, puede ser el Nuevo Millonario al que le das honor mañana!

Capítulo 28

DIOSES DE LA TIERRA

El término ***"diezmo"*** significa ***"una décima parte"*** y, por tanto, deriva de la palabra ***"diez"***. El número "diez", desde el punto de vista bíblico, significa ***"la economía divina, la ley divina de Dios, su mandato y estado eterno"***. Es el número que representa el mandato del gobierno divino.

El significado del diez y el propósito del diezmo

Diez (10) es la porción del Creador, exigida por Él para la bendición que tiene que darnos.

El Diezmo es tu seguridad, el pago de tu póliza de seguro. Te cubre de la destrucción, la devastación, el despilfarro, la enfermedad y también evitará que el devorador -que es el diablo- te ataque a ti, a tu empresa, a tu familia o a tu nación.

El principio del diezmo comenzó en el Génesis con una victoria militar contra el enemigo - según Génesis 14 y 15 sobre la Promesa.

Los que diezman tienen automáticamente un pacto con Dios.

No puedes ser un verdadero adorador si no diezmas. Adorar es dar y reconocer que Dios es el que está totalmente a cargo. Él es el que provee y Él es el que te permite cosechar.

En los días de antaño, sólo los pobres y los esclavos cautivos no traían el diezmo; los pobres porque no tenían trabajo (Amós 6: 4 - 6). Pero Dios lo modificó y dijo TODOS. No sólo los ricos y prósperos deben diezmar, sino que todos deben hacerlo.

El número '*diez*', según Daniel 5: 27 y Apocalipsis 2: 10, también significa '*rico, prueba, peso, medida, aceptar o rechazar*'. Prueba para ver si se aprueba o se rechaza.

Una persona que no diezma ha fallado inmediatamente la prueba; y el fracaso será rechazado. Si no puedes pasar una prueba pagando un diezmo de $100 o $10, como puede Dios promoverte para que puedas diezmar de $1000 o $10,000.

Una persona que se niega a diezmar no está vendida a Dios, y Él no controla el corazón de esa persona. El dinero que se niega a dar es por lo tanto su dios.

El diez (10) es el número que utilizan los gobiernos. Es el número del juicio. Dios desató diez (10) plagas sobre Egipto porque no estaban honrando a Dios con sus recursos. Ellos estaban honrando a otros dioses incluyendo a Isis, Seth y Hator. Así que Dios les estaba mostrando que Él es el Dios de la multiplicación y el aumento y que Él hizo que la lluvia cayera y trajera prosperidad.

Lo mismo se puede encontrar en I Reyes 17 y 18. Los israelitas no estaban reconociendo a Dios, y honrándolo con sus recursos, por lo que hubo una recesión en la nación. (Ver también Hageo 1 y 2)

Dios siempre está a cargo de las economías de las naciones y también de tus finanzas. Nadie o ninguna nación puede decir que sirve al Dios vivo y verdadero y no diezma - como se encuentra en Malaquías 3: 10. Si Dios tiene tu corazón, Él no tendrá problema en liberar dinero para ti. Reconozca y entienda que el almacén de Dios está en la tierra. Allí es donde sus ministros llevan a cabo sus asuntos.

Si el negocio de Dios empieza a tener pérdidas, porque tú te niegas a dar, tu empresa, tu negocio y tú tendréis pérdidas hasta que Dios llame tu atención.

En el momento en que los líderes de Dios, especialmente Sus sacerdotes y apóstoles, son descuidados, y no pueden vivir de lo que viene a través del ministerio; y una vez que los diezmos no son suficientes para vivir y comienzan a vagar para sobrevivir, o entran en relaciones idolátricas para sobrevivir, entonces habrá juicio sobre el individuo, la ciudad o la nación.

Hay muchas personas que ni siquiera están en una relación con Dios, sin haber rendido sus vidas a Él, pero entienden el principio de cuidar a los Sacerdotes de la Casa de Dios. En Jueces 17: 7 - 13, el Levita en esta Escritura estaba buscando un lugar para residir temporalmente. Miqueas sabía la bendición que recibiría al tener un padre y un sacerdote que lo aconsejara, porque conocía la importancia de este tipo de relación.

En el versículo 10, Miqueas aceptó pagar al levita para que fuera su sacerdote. Ofreció pagarle diez (10) siclos de plata al año, una asignación para ropa y otros beneficios para ser su sacerdote/padre/apóstol porque sabía la bendición que vendría.

Incluso el Faraón lo hizo cuando empleó a José, en Génesis 45: 8, como padre/apóstol/gerente/consejero y primer ministro; y mira la bendición que Dios le dio al Faraón. Miqueas sabía que si tenía a uno de los siervos de Dios como sacerdote para Él - un padre/apóstol, una gran bendición estaría sobre él. (Ver también Jueces 18: 4)

Cuando tienes un sacerdote a tu lado, él rezará por ti, pedirá a Dios por ti. Por ejemplo, él puede orar con respecto a tus decisiones de negocios, tratos y todas tus transacciones. El orará bendiciones sobre ti cuando le des el diezmo de tu bendición, como en Génesis 14 con Abraham, y se convirtió en sacerdote. Adopta a un hombre o mujer de Dios y sé una bendición para ellos que Dios liberará bendiciones para ti.

El principio del diezmo - I Corintios 9

Al leer I Corintios 9, Pablo enumera aquí sus derechos como ministro. Enumera todas las categorías -soldados, agricultores, pastores, etc.- cómo viven de su profesión. Deben recibir una remuneración!

I Corintios 9: 9, Pablo habla de las Leyes de Moisés; no pondrás bozal al buey mientras pisa el grano. También se señala en las Leyes Misceláneas que se encuentran en Deuteronomio 25: 4 y Proverbios 12: 10 que cualquier tipo de el bozal traerá gran sufrimiento a una nación. Dios pretende que Sus siervos vivan del Evangelio. Una vez que el liderazgo dentro de una nación impone leyes que vendrán en contra de Su iglesia, es el espíritu del anticristo en el trabajo.

Entienda que el propósito de estas leyes es garantizar que:

- La iglesia no se beneficia del estatus de exención fiscal
- Los líderes no tienen los fondos necesarios para predicar el evangelio, por lo que no pueden formar parte del ministerio a tiempo completo

Por lo tanto, no habrá nadie que atienda el rebaño; tampoco habrá revelaciones para acabar con el mal.

Nehemías se dio cuenta de esto - también lo hizo Esdras - así que trajeron de vuelta la restauración a esta área para que la bendición volviera a la nación. Ver 2 Crónicas 31 con respecto a Ezequías.

Deuteronomio 27 habla de la Ley del Diezmo. Sin duda has visto a muchas naciones imponer leyes, pero nunca has visto a ningún país imponer el Diezmo como una ley. Sin embargo, este es el mandato de Dios y este mandato debe ser obedecido. No puede haber bendición, particularmente en una nación, a menos que este mandamiento sea obedecido. Con todas las leyes impuestas en las naciones, el rechazo al Diezmo resultará en el fracaso de la efectividad de las otras leyes impuestas;

porque el éxito de todas las otras leyes dentro de las naciones depende de Malaquías 3: 8 - 12.

- Habla de robar a Dios - lo que es un crimen

- Habla de estar maldito con una maldición

- Habla de que toda la nación también será maldecida

- Habla de que debes traer los Diezmos al almacén, que es la iglesia, para que haya alimento en Su Casa - "... *Y pruébame ahora en esto...*" Malaquías 3: 10

- Habla de que Dios abre las ventanas del cielo. Eso significa que el cielo tiene más de una ventana a través de la cual Dios bendice a su pueblo. Tanto que no habrá espacio suficiente para recibirla.

Dios reprenderá al devorador por tu causa para que no destruya el fruto de tu tierra. "'*...Ni la vid dejará de dar fruto para ti en el campo', dice el Señor de los Ejércitos; 'Y todas las naciones te llamarán bendita serás una tierra deliciosa' dice el Señor de los Ejércitos*". Malaquías 3:11 - 12

Al leer las Escrituras Daniel 8: 9 - 13 y Daniel 7: 25, reconoce que esos diez (10) líderes de las naciones se reunirán, impondrán leyes contra la iglesia:

- Impuestos

- Semana Flex

- Zonificación

- Prevención de determinadas licencias

Estarán respaldados por espíritus religiosos, sistemas judiciales para llevar su embestida contra la iglesia. Implementarán leyes para que los pastores tengan que buscar otro empleo, ya que la iglesia no será una fuente.

Dios quiere que su pueblo utilice el formato del libro de los Hechos para que no falte nada - como en Hechos 4: 32 - 37 y Hechos 2: 40 - 47 para que se cumpla su mandato.

Negativa a diezmar

Negarse a pagar los diezmos es rechazar a Dios como rey, pero tendrás que pagar los impuestos del rey terrenal, como en I Samuel 8: 11 - 17, porque te convertiste en un esclavo de los sistemas de esclavitud y deuda. Dios quiere que seamos libres para servirle, no para estar en deuda. Por eso hay que añadir una quinta parte si retenemos lo que Dios nos debe. Tú, el prestatario, servirás al prestamista según Levítico 27: 31 y Proverbios 22: 7.

Debes servir sólo a Dios, no al prestamista. Es hora de salir de la esclavitud, de la deuda. Reconoce que eso:

- El diezmo es sagrado para el Señor - Levítico 27: 30 - 33 - como resultado

- Un no-títere no es santo o consagrado a Dios - Levítico 27

Jesús pagó con Su Diezmo - Su vida para redimirte de la esclavitud, del pecado. *Redimir*' significa '*comprar de nuevo, recuperar por el gasto de esfuerzo o por el pago estipulado, carga u obligación*'. También significa "*convertir una ficha o una obligación en bienes o dinero, liberar del pecado o de la condenación, salvar la vida de una persona mediante un rescate*". ¿Por qué la gente quiere volver al pecado?

El diezmo y el renacimiento

El diezmo trae el avivamiento a una nación y a la Iglesia, como se revela en 2 Crónicas 31: 5 - 12; Nehemías 10: 37 - 38 y Nehemías 12: 43 - 47. El avivamiento puede venir en forma de

- Nueva empresa
- Nuevas inversiones
- Crecimiento
- Mejora de la economía

Los siete (7) principios del diezmo que se encuentran en Malaquías 3: 10 nos revelan que el no diezmar nos llevará a:

- Recesión
- Pobreza
- Caos
- Quiebra

Veamos a Ezequías, y 2 Crónicas 31: 2, y lo que hizo para traer la reforma y el renacimiento en la economía de la nación.

Ordenó al pueblo que vivía en Jerusalén o que contribuía al sostenimiento del sacerdote y de los levitas que se dedicaran a las leyes del país. En Hechos 2 y Hechos 4 pusieron las ofrendas a los pies de los apóstoles para que se dedicaran a la palabra y a la oración.

Además, según Malaquías 2: 7, Dios afirma que

"... los labios de un sacerdote deben guardar el conocimiento, y la gente debe buscar la ley de su boca; porque él es el mensajero del Señor de los ejércitos".

Es el mensajero de Dios para los individuos, las organizaciones y las naciones. (Véase también Gálatas 4: 13 - 15 y Números 18: 8)

Cuando los ministros de Dios pasan por problemas financieros, no pueden buscar a Dios como deberían. Entonces la Iglesia y las naciones sienten el efecto porque no hay revelación fresca de Dios! Esto es lo que está sucediendo ahora!

En 2 Crónicas 31: 5 - 7, mira lo que sucede en el tercer mes cuando obedecieron las instrucciones. En el versículo 8, el rey bendijo al Señor y a su pueblo Israel; y en el versículo 9, el rey interrogó al sacerdote sobre los montones. Los montones eran los diezmos. En el versículo 10, recibe la respuesta.

"Azarías, el sumo sacerdote de la casa de Sadoc, le respondió y dijo: "Desde que el pueblo comenzó a traer las ofrendas a la casa del Señor, hemos comido lo suficiente y nos ha sobrado, porque

el Señor ha bendecido a su pueblo y lo que ha quedado es esta gran abundancia"".

Lo mismo se recuerda en Malaquías 3: 10 y en Éxodo 36: 5.

Más adelante, en 2 Crónicas 31: 11, Ezequías ordenó que se prepararan habitaciones en la Casa del Señor para que las naciones fueran bendecidas. En su fidelidad, se santificaron hasta la santidad y en el versículo 21, el resultado fue que el rey y la nación prosperaron.

Predicar con el ejemplo

El pueblo de Dios debe primero hacer negocios con un '*Tither*' (uno que paga los Diezmos) para que el dinero se quede en el Reino. El pueblo de Dios debe predicar con el ejemplo, sus diezmos y ofrendas primero para que los que no son salvos sigan el buen ejemplo.

En Nehemías 13, el número ***'10'*** habla de la ***'Restauración del apoyo levítico'***. En esta Escritura, se ve que los sacerdotes y los cantores/adoradores tuvieron que volver a sus trabajos seculares, porque no había apoyo para ellos.

Muchos ministros y músicos están regresando a sus trabajos seculares y están renunciando porque no hay apoyo y sustento. Nehemías 10: 37 revela que hay que dar las primicias de nuestro dinero y el

El diezmo - incluso la comunidad agrícola debe traer para que haya bendición. Lo que reciben los sacerdotes, deben diezmarlo, según Nehemías 10: 38 y I Crónicas 9: 26. ¡El abandono de la Casa de Dios debe terminar! (Ver Nehemías 10: 39)

Si el líder está nadando en problemas financieros, entonces tú, en la parte inferior de la jerarquía, también nadarás en ella.

El Nuevo Testamento sobre el diezmo

I Corintios 9: 6 - 7 te recuerdan el rendimiento que recibes cuando siembras/donas.

DAR	SIGNIFICADO	RECIBIR
Con moderación	Restricción de las donaciones	Bendiciones limitadas
Con generosidad	Generoso en las donaciones	Bendiciones abundantes y generosas
Alegremente	Dar con buen espíritu, Feliz Brillante, agradable; de buena gana y no a regañadientes	Bendiciones abundantes con gran alegría

Motivos para dar

El motivo de una persona para dar es clave! Tus regalos no hacen a Dios más rico, pero te hacen a ti más rico - espiritual y naturalmente.

Los motivos hablan de la razón por la que una persona hace lo que hace. Si amas a Dios o a sus siervos, no tendrás problemas para dar, porque Dios es Amor. Él personifica y ejemplifica el amor!

1 Corintios 16: 2 y Hebreos 7 revelan que Jesús es tu Sumo Sacerdote a quien diezmas; y por un mejor pacto.

El diezmo es sagrado

Levítico 27: 30 y Génesis 28: 22 hablan de la santidad del diezmo. Sólo las manos santas deben tocar las cosas santas. Si una persona no paga los diezmos, no es santa, ya sea:

- Tesorero
- Saludador
- Usher
- Pastor

Él/ella no debe tocar los diezmos, porque entonces, los diezmos ya no serían santos.

Aunque la gracia se ha extendido a toda la humanidad, no hay que darla por sentada. Hageo 2: 11 - 14 explica que la amalgama de limpios e impuros no puede y no funciona. Además, en I Crónicas 13: 6 - 11 y 2 Samuel 6: 6 - 11, se ve lo que les sucede a aquellos que tocan las cosas que han sido consagradas al Señor.

El pueblo de Dios siempre debe dar preferencia a los que diezman cuando hacen negocios. Usted no querría estar en sociedad con alguien que dice que ama a Dios pero se niega a diezmar. Esto sería antibíblico.

También, en Levítico 27: 32 - 33, se ve que, los agricultores y los que se dedican a la agricultura y la ganadería deben diezmar. El no hacerlo resultará en hambruna mundial, desastres, escasez de alimentos y ninguno estará exento.

Lo que las naciones deberían hacer es reducir los impuestos y aumentar los diezmos y se vería un renacimiento financiero y crecimiento económico en una nación, tal como se ve en 2 Crónicas 31. Adicionalmente, aquellos países que están endeudados, una vez que practiquen este principio de diezmar y sembrar la semilla (dando ofrendas y donaciones), Dios daría cancelaciones de deuda y reviviría la economía de la nación. Si ellos retienen los diezmos, entonces no recibirán los siete (7) beneficios que Dios prometió.

Capítulo 29

PRIMEROS FRUTOS

Proverbios 3: 9 - 10

Debes honrar al Señor con las primicias de tu cosecha. Esto incluye:

- Salario
- El primer trabajo que hiciste/haces, es de Dios
- El primer hijo que recibas del Señor debe ser dedicado al Señor de manera especial

Éxodo 22: 29 nos dice:

"No tardarás en ofrecer lo primero de tus productos maduros y tus jugos. El primogénito de tus hijos me lo darás".

El Éxodo 23: 15 - 19 también dice:

"Celebrarás la fiesta de los panes sin levadura (comerás panes sin levadura durante siete días, como te he mandado, en el tiempo señalado en el mes de Abib, porque en él saliste de Egipto; ninguno se presentará ante mí vacío); y la fiesta de la cosecha,

las primicias de tus labores que hayas sembrado en el campo; y la fiesta de la recolección al final del año, cuando hayas recogido el fruto de tus labores del campo. Tres veces al año se presentarán todos tus varones ante el Señor Dios. No ofreceréis la sangre de mi sacrificio con pan leudado, ni quedará la grasa de mi sacrificio hasta la mañana. Las primeras primicias de tu tierra las traerás a la casa del Señor"

Hay tres (3) épocas al año en las que deben celebrarse las tres (3) fiestas y cada persona deberá sembrar en consecuencia:

- Abril
- Mayo - Junio
- Septiembre - Junio

Según Éxodo 34: 22 - 24, cuando observas lo que el Señor hará, cuando obedeces las Fiestas Dios lo hará:

- Expulsa a las naciones que te preceden
- Amplíe sus fronteras
- No permitas que los celos vengan contra ti

Según el versículo 26 Él también te dará:

- Nuevas ideas de negocio
- Nuevo territorio
- Nuevo personal

- Expansión en todos los ámbitos
- Victoria sobre sus competidores que están en contra de usted

Dios como en Éxodo 33: 2 enviará ángeles para expulsar a tus enemigos cuando le obedezcas con tus ofrendas. Hay ciertos enemigos que no pueden ser removidos, a menos que usted obedezca a Dios con sus ofrendas, Él los expulsará. Una vez que una persona desobedece a Dios en Sus instrucciones con respecto a dar, es un pecado y el pecado traerá castigo.

Hay ciertas dimensiones de las bendiciones que no puedes recibir a menos que des al Señor. Éxodo 34: 19 -20 te lo dice:

"*Míos son todos los que abren el vientre, y todo primogénito macho de tu ganado, sea buey u oveja. Pero el primogénito de un asno lo redimirás con un cordero. Y si no lo redimes, le romperás el cuello. Redimirás a todos los primogénitos de tus hijos. Y ninguno se presentará ante mí con las manos vacías*".

Los hijos primogénitos pertenecían a Dios de una manera especial porque Él los perdonó en Egipto, debían ser como la ofrenda del primer fruto a Dios.

Ley del primogénito

Éxodo 34: 11 - 16 es la Ley del Primogénito.

"*Observad lo que os ordeno hoy. He aquí que yo expulso de delante de ti al amorreo, al cananeo, al hitita, al ferezeo, al heveo y al jebuseo. Cuídate, no sea que hagas un pacto con los habitantes de la tierra a la que vais, para que no sea una trampa en medio de vosotros. Pero destruiréis sus altares, romperéis sus columnas sagradas y cortaréis sus imágenes de madera (pues no adoraréis a ningún otro dios, porque el Señor, cuyo nombre es Celoso, es un Dios celoso), no sea que hagáis un pacto con los habitantes de la tierra, y ellos se prostituyan con sus dioses y hagan sacrificios a sus dioses, y uno de ellos os invite y comáis de su sacrificio, y toméis de sus hijas para vuestros hijos, y sus hijas para vuestros hijos se prostituyan con sus dioses."*

Esta instrucción es para todos no es sólo para los individuos, las naciones y la administración. Si siguieran las instrucciones de Dios, especialmente en el parlamento de cada nación, cada país sería bendecido.

Éxodo 12: 36 dice:

"Y el Señor había dado al pueblo el favor a los ojos de los egipcios, para que les concedieran lo que pedían. Así saquearon a los egipcios".

Éxodo 13: 1 - 2 muestra la seriedad de Dios con respecto a *las "primicias"*: el hombre, la bestia, los trabajos, etc.

"Entonces el Señor habló a Moisés, diciendo: "Conságrame todos los primogénitos, todo lo que abra el vientre entre los hijos de Israel, tanto de los hombres como de los animales; es mío"".

Todo debe ser consagrado al Señor. Una vez que esto tenga lugar, la bendición seguirá.

Los primogénitos de Egipto no se habían dedicado al Dios vivo y verdadero, por lo que Dios los golpeó. Dios dio a los israelitas el favor de las preciadas posesiones de los egipcios.

Éxodo 11: 3 nos dice:

"Y el Señor le dio al pueblo el favor a los ojos de los egipcios. Además, el hombre Moisés era muy grande en la tierra de Egipto, a la vista del pueblo."

Eso significa que, así como Dios le dio a Moisés el favor con los egipcios, Él hará lo mismo con nosotros. Además, para el favor con Egipto, la semilla de Éxodo 12: 36 debe ser sembrada. Esta semilla es para obtener su favor y riqueza.

Según Ezequiel 44: 30, lo mejor de las primicias de cualquier clase se entregará a los sacerdotes para hacer descansar una bendición sobre tu casa.

"Lo mejor de todas las primicias de cualquier tipo, y todo sacrificio de cualquier tipo de todos tus sacrificios, será del sacerdote; también le darás al sacerdote las primicias de tu harina molida, para hacer descansar una bendición sobre tu casa".

Las siguientes Escrituras también dan una mejor comprensión de cómo Dios mira al primogénito:

- Números 3: 13 (Todos los primogénitos son para Dios)
- Levítico 27: 26 (No hay debates ni dictados)
- Números 8: 16 - 17

Lucas 2: 22 - 23 afirman:

"Cuando se cumplieron los días de su purificación según la ley de Moisés, lo llevaron a Jerusalén para presentarlo al Señor (como está escrito en la ley del Señor, 'Todo varón que abra el vientre será llamado santo para el Señor'),"

Además, el Levítico 27: 30 - 31 dice:

"Y todo el diezmo de la tierra, ya sea de la semilla de la tierra o del fruto del árbol, es del Señor. Es santo del Señor. Si un hombre quiere redimir alguno de sus diezmos, deberá añadirle una quinta parte".

Levítico 23: 9 - 12 dice:

"El Señor habló a Moisés, diciendo: 'Habla a los hijos de Israel y diles 'Cuando entréis en la tierra que yo os doy, y recojáis su cosecha, traeréis al sacerdote una gavilla de las primicias de vuestra cosecha. Él agitará la gavilla ante el Señor, para que sea aceptada en vuestro nombre; al día siguiente del sábado el sacerdote la agitará. Y ese día, al mecer la gavilla, ofrecerás un cordero macho de un año, sin defecto, como holocausto al Señor."

La ley sobre los primogénitos

Deuteronomio 15: 19 - 23 habla de la Ley relativa a los animales primogénitos. Dice:

"Todos los primogénitos de tu rebaño y de tus ovejas los santificarás al Señor, tu Dios; no harás ningún trabajo con los primogénitos de tu rebaño, ni esquilarás los primogénitos de tus ovejas. Tú y tu familia lo comeréis ante el Señor, tu Dios, cada año, en el lugar que el Señor elija. Pero si hay algún defecto en

él, si es cojo o ciego o tiene algún defecto grave, no lo sacrificarás al Señor tu Dios.

Podrás comerlo dentro de tus puertas; tanto el impuro como el limpio podrán comerlo, como si fuera una gacela o un ciervo. Sólo que no comerás su sangre; la derramarás en el suelo como si fuera agua".

Hay varias leyes adicionales que se encuentran en la palabra de Dios.

- La ley del diezmo — Deuteronomio 26
- La ley de la deuda — Deuteronomio 15: 1 - 11
- La ley de las fiestas — Deuteronomio 16: 1 - 17

Todas las primicias para la casa - Nehemías 10

Una vez que entras en un pacto con Dios, hay ciertas cosas a las que debes adherirte.

- No a los matrimonios mixtos - esto significa que los socios **no deben estar unidos en yugo desigual**
- Mantener el día de adoración de Dios
- Cuidar adecuadamente el templo de Dios (Hageo 2)
- Ser apartado. Las personas que sirven a Dios deben ser apartadas. Los sacerdotes, los levitas, deben obedecer sus leyes y hacer su voluntad

- Instrucciones sobre el matrimonio para sus hijos e hijas.

- Santificar el sábado. No deben comprar o vender, por ejemplo, realizar negocios en los días sagrados de Dios o en el sábado

- Dar de baja la deuda cada siete (7) años

También darían un tercio de siclo, para el servicio de nuestro Dios. Obedecerían todas las fiestas y ofrendas y darían a la casa de Dios para que se hiciera la obra de Dios.

Para que cualquier nación o individuo sea bendecido, Dios tiene que hablar a sus corazones con respecto a dar. Una vez que Dios consiga que su corazón obedezca entonces vendrán las bendiciones serias. La obediencia es la clave de la bendición. Su casa debe ser cuidada.

Dios no quiere que sus ministros -los que ministran en su casa- estén trabajando también en otros lugares. Él quiere que lo busquen a Él, para que la revelación divina se ocupe de las necesidades de los siervos de Dios, para que las bendiciones descansen en su casa, según Gálatas 6: 6 - 7

Pablo aplica los principios generales de la siembra y la cosecha al apoyo de los maestros cristianos para los versículos 8 - 10 revelan que lo que se siembra se cosecha. También nos instruye para que hagamos el bien, especialmente a los que son de la casa de la fe. Una vez que encuentres buena tierra, siembra para que el hombre o la mujer de Dios pueda interceder por ti, para que la bendición de Dios esté en tu casa.

Si todas las empresas y funcionarios del gobierno estuvieran obedeciendo la palabra y aplicando la instrucción bíblica espiritual, entonces ya habría habido sanación y restauración de muchas situaciones. El hecho es que hay una resistencia a aplicar los principios divinos. ¿Por qué? Ellos saben que funcionará, así que el enemigo no quiere que Dios se lleve la gloria. El tiempo viene cuando todas las naciones, verán toda la tierra llena de la gloria de Dios (Habacuc 2: 14) y el conocimiento de Dios.

De la misma manera que se imponen impuestos y es una ley pagar ciertos impuestos, es necesario que haya una ley implementada como en Nehemías 10: 32 para regular un ingreso estable de manera diferente, para el santuario sobre una base anual.

Para ser bendecidos también deben obedecer el Principio del Primer Fruto - todo pertenece a Dios. Diezmos, dinero, agricultura, vino/aceite nuevo a los sacerdotes, que a su vez devolverían a la Casa el diez por ciento (10%)

De ninguna manera se debe descuidar la Casa de Dios, Deuteronomio 12: 6 y 11, también 2 Crónicas 31 con respecto a las reformas de Ezequías. Él sabía que al reformar una nación debe haber una recolección de todos los Diezmos (versículos 11 - 12). Porque buscó a Dios con todo su corazón, prosperó; hizo lo que era correcto, bueno y verdadero.

El diablo sabe que una vez que logra que los sacerdotes pierdan el enfoque de las cosas de Dios por falta de apoyo, no pueden dedicarse plenamente a las cosas de Dios y como resultado, la nación sufrirá.

Ezequías sabía que tenía que llevar la restauración a esta zona para que volviera la economía; consiguió que los sacerdotes retomaran sus funciones; consiguió que el pueblo diera sus diezmos y ofrendas. Por eso su administración fue próspera.

Ezequías lideró para traer la reforma, y ejemplificó dando de sus propias posesiones. David hizo lo mismo cuando estaba construyendo el templo en el libro de Crónicas para la reforma dentro de la nación. Los líderes necesitan mirar la vida de Ezequías!

2 Crónicas 31: 7 el tercer mes que es de marzo a julio es la temporada para llevar a cabo el mandato de Dios de ser bendecido.

Una vez que los verdaderos siervos del Señor tienen suficiente para comer debido a su obediencia - 2 Crónicas 31: 10 dice:

"*Entonces habrá gran abundancia, pues el Señor bendecirá a su pueblo*".

El Señor realmente quiere bendecir a su pueblo, pero ellos no quieren caminar en obediencia, y sólo aquellos que lo hacen, se beneficiarán.

Datos sobre las primicias

Según Nehemías 10: 32 - 37 y Ezequiel 44: 30:

- Ten siempre un consejero espiritual - un profundo y verdadero hombre o mujer santo de Dios. Ellos te darán consejo, dirección en lo personal y en los negocios

- asuntos, y orará para que sus transacciones comerciales salgan adelante. Por ejemplo, las Escrituras muestran que Daniel, José, Nehemías y Esdras caminaron en la Unción Gubernamental!

- Bendiciendo a un hombre o mujer de Dios que puede dedicarse a la obra de Dios traerá gran bendición a usted, y a su administración; Ezequías se dio cuenta de eso en 2 Crónicas 31 él dio de su posesión personal y fue bendecido!

- Tu Primer Fruto significa que una vez que obtienes un aumento de salario - debe ir a tu sacerdote/asesores espirituales. Los primeros frutos pueden venir de nuevos contratos, nuevos negocios, las primeras ventas. Incluso si no asistes a una iglesia, debes pagar tus Diezmos de acuerdo a Malaquías 3: 10 a donde el Señor coloque, en tu Espíritu (Deuteronomio 12) para obtener tu bendición!

<u>Cómo rezar por la prosperidad</u>

El Salmo 133 y el Salmo 35 nos dicen que Dios es un Dios de orden. Por lo tanto, Él va a hacer que la iglesia prospere comenzando por la iglesia local. La iglesia local debe asegurarse de que sus líderes prosperen en cada área de sus vidas. Así que:

- Reza por la prosperidad de tus líderes
- Reza para que les favorezca diariamente, incluyendo el favor en el área de los negocios
- Reza para que sean multimillonarios y no falte entre ellos
- Reza para que la gente les dé a diario sembrando semillas, incluyendo dinero, vehículos, casas, tierras y ropa y otras cosas para sus familias
- Reza para que tú, que estás rezando, seas el primero en sembrar

Recuerda:

- Cuando su líder es bendecido, esto fluye hacia toda la congregación
- Es difícil tener unidad en la pobreza
- Dios se complace en la prosperidad de su pueblo (Salmo 35: 27)
- La adversidad provoca gran estrés y mala salud en el pueblo de Dios. Cuanto más tiempo permanezcas en la pobreza, más se enriquecen las industrias médicas y farmacéuticas a tu costa.

Por lo tanto:

- Ore para que la fortaleza sobre su área o iglesia caiga y para que la fortaleza que se opone al mensaje de prosperidad también caiga; para que la gente dé libremente a los siervos de Dios, a Su casa y a Su Reino

- Ora para que el pueblo no ponga la Casa de Dios en espera mientras construyen sus propias casas, como en Hageo 1: 7. Necesitan construir la casa de Dios para que Dios no retenga las bendiciones.

Cuando no se construye la Casa de Dios financieramente, traerá hambruna - problemas económicos sobre la nación. Habrá recesión y opresión. Esto, según Hageo 1: 11, es lo que está sucediendo ahora y la obra de Dios ha sido descuidada en las naciones. Todo el mundo está demasiado ocupado haciendo su propia cosa. La gente está construyendo, ¡pero no la Casa de Dios! Cuando hay hambruna en una nación, se reduce al estado de fidelidad en una iglesia y en las naciones, según Hageo 1: 9, que dice:

"'*Esperabais mucho, pero en realidad llegó a poco; y cuando lo trajisteis a casa, lo hice volar. ¿Por qué?' dice el Señor de los ejércitos; por mi casa que está en ruinas, mientras que cada uno de vosotros corre a su propia casa.*'"

Dios quiere que sus líderes trabajen a tiempo completo, para que Él pueda usarlos para transformar las naciones, según 2 Crónicas 31: 4.

Capítulo 30

COMPENSACIÓN MINISTERIAL

La remuneración del personal ministerial ha sido un problema durante muchos años y más aún ahora. Pero la Biblia revela el principio como una guía. El principio general se encuentra en Lucas 10.

Cualquier empleo que se ocupe de lo siguiente debe recibir una compensación del más alto nivel

- La salvación de las almas para Dios
- Dirigir y guiar a otros hacia la vida eterna a través de la aplicación diaria del Principio Bíblico
- Llevar a cabo el propósito del individuo en línea con el plan perfecto de Dios
- Ministrar la vida de las personas
- Ministrar la paz en la tierra a través de Cristo
- Atender las necesidades espirituales y naturales del individuo

- Presenta el Evangelio como el producto más importante de la tierra y es un vendedor del Reino de Dios

- Declarar que la vida es un regalo de Dios y que tener vida eterna es lo más importante por encima de la vida

O

Cualquiera que:

- Es un vendedor de Cristo que se somete a las amenazas más peligrosas por el bien de su producto: el Evangelio.

- Construye el Reino de Dios para impactar a las naciones para el gobierno del Reino

- Es un genuino agente de Dios que comunica al reino terrenal lo que el Espíritu del Señor está diciendo.

debe recibir una remuneración del más alto nivel.

Jesús claramente delinea en Mateo 10: 40 - 42 las varias recompensas y bendiciones que cada persona recibiría al bendecir a un siervo de Dios. La razón por la cual ciertas bendiciones no pueden ser realizadas en la tierra es como resultado de la falta de dar a la autoridad de Dios. Mira lo que I Reyes 17: 8 - 24, 2 Reyes 4: 8 - 37 y Génesis 14: 18 - 24 tienen que decir con respecto a este asunto.

Dar al Reino puede cambiar tu carrera o destino, según Lucas 5: 1 - 11. De hecho, la vida entera de una ramera fue cambiada, en Josué 6: 17 - 19, y ella se convirtió en grande. Rahab, simplemente extendiendo la bondad al agente de

Dios, salvó su casa y se convirtió en la gran abuela del rey David, y se injertó en el linaje de Jesús.

Una persona que no está emocionada por dar o por dar a Dios no entiende lo que es el amor. Jesús es Amor y nos mostró el amor dando su vida, entregándose a la cruz por nosotros, como se muestra en Juan 3: 16.

El Reino de los Cielos consiste en sembrar -dar- como se revela en Gálatas 6: 7 y en Job 4: 8. ¡Por lo tanto, nada de lo que se siembra produce una cosecha de nada!

Cuando le pides a Dios una cosecha, Él te pide una semilla. En Génesis 15: 1 - 10, Abraham no tenía hijos y buscó a Dios para que le diera un hijo que continuara su linaje y al que le transmitiera la herencia. El versículo 9 nos revela que cada promesa que Dios te hace, debes poner una semilla en la "*tierra*", porque Él no da nada sin algo con lo que defender tu cosecha.

Génesis 1: 12 dice que cada semilla contiene una instrucción. Tu semilla es siempre la forma de salir de los problemas. Mira también 2 Samuel 24: 25. Además, al leer Marcos 10:29-30, te darás cuenta de que una semilla poco común conlleva una cosecha potencialmente importante.

Ahora, para que las ventanas del cielo se abran, primero debes hacer lo que indica Malaquías 3: 10 y traer tus diezmos al almacén - ¡tu iglesia local!

Recuerda que tu semilla es cualquier herramienta que Dios te ha dado para crear tu futuro. Como tal, hay diferentes tipos de semilla incluyendo:

- Extender el amor
- Intercesión
- Dinero
- Tiempo de trabajo
- Mostrar misericordia
- Ampliar el favor

Siempre hay algo que sembrar; incluso su obediencia al seguir las instrucciones de Dios a través del hombre, como se encuentra en 1 Reyes 17, 2 Reyes 4: 1 - 7. Al obedecer las instrucciones del hombre de Dios, las mujeres recibieron condonaciones de deudas y milagros en el tiempo del hambre.

Tu semilla puede crear un milagro para alimentar a muchos y traer una gran cosecha, según Juan 6: 1 - 14. Cinco (5) panes de cebada y dos (2) peces pequeños alimentaron a una gran multitud.

Dios quiere que los abogados, los médicos, los científicos, los profesores y otros profesionales siembren su tiempo - sin cobrar- como una semilla. En Génesis 40: 5 - 23, José consultó gratuitamente interpretando sueños sin cobrar. Esa fue su semilla, y mira la cosecha que recibió como resultado.

Lucas 13: 18 - 19 y Mateo 13: 31 - 32 revelan que el Reino de Dios es como un grano de mostaza. Esta es una de las semillas más pequeñas del mundo vegetal; y cuando se pone en su jardín tiene el potencial de crecer y llegar a ser tan grande como un árbol. Una semilla de mostaza es la más pequeña de todas las semillas, pero cuando crece, es más grande que las otras hierbas.

Es interesante que tu semilla te encuentre cuando menos lo esperes. Tu cosecha brotará. Como resultado de la semilla que sembró al mayordomo y al panadero en

Génesis 41: 14, José fue llevado ante el Faraón - el que tenía la autoridad terrenal absoluta para liberarlo. Al final, su semilla le trajo la libertad y el ascenso.

Una viuda moabita llamada Rut, extranjera, había estado casada con uno de los hijos de una mujer hebrea. Después de recibir la bendición y la liberación de su suegra Noemí, eligió por fe quedarse con ella prometiendo no dejarla nunca. Sembró una semilla sirviendo a Noemí y terminó con una enorme cosecha de nombre Booz. La semilla continuó dándole una gran cosecha, no sólo en forma de gran riqueza y una alta posición social en la comunidad, sino que le hizo ser la abuela de un gran rey: David, y como tal, ¡parte del linaje de Jesús!

Al sembrar la semilla de la bondad, nunca se sabe quién tomará nota de la bondad que has hecho y qué clase de favor te traerá en el futuro. Eso es evidente en Rut 2: 10 - 11. Debido a la semilla que sembró en el reino a través de la bondad que mostró, la llevó a cosechar en el campo de Booz, no como una persona ordinaria, sino como un futuro terrateniente y de la realeza - Rut 2: 13 - 17. Es interesante observar que la ley del espigado prohibía a los extranjeros segar las esquinas de los campos o recoger el espigado de la cosecha, según el Levítico 19: 9 y 22 - 23. De hecho, debía dejarse para los pobres y los extranjeros. Pero Rut pasó de *espigar* a *cosechar*. En Rut 2: 14, Booz la reconoció a la hora de comer invitándola a sentarse con los segadores, un privilegio del que gozaba el espigador medio. Recibió el favor, según Rut 2: 15 - 16

Rut 2: 15 -17 habla de la directriz de Booz a los jóvenes, para permitir a Rut cosechar mucho más de lo que podría haber hecho de otra manera.

Dios es el que abre las puertas y nunca sabes a qué campo te puede llevar para que espigues y finalmente coseches. (Rut 2: 20)

La lealtad de Rut a Noemí y a Dios la llevó a dejar su tierra natal de Moab por Judá. Aunque era extranjera, se convirtió en antepasada de David y de Cristo. (Lucas 3: 31 - 32)

Dios siempre levanta a los de fuera y a los considerados como los menos, que le son fieles y apoyan a su pueblo. Mira:

- Ruth
- Jabez
- Rahab
- Gideon
- Joseph
- David

El estatus de una persona, la raza, el color, las calificaciones académicas son irrelevantes para Dios cuando elige a quién elevar o promover. Él mira el nivel de su fidelidad y su obediencia, particularmente al Principio de la Semilla. Dios trajo a un moabita al círculo de su propio pueblo y eventualmente a la línea real.

Las dificultades, el endeudamiento y el hambre a veces te llevan a la realeza y a la grandeza, como se vio con Rut y José.

Los mentores y la semilla

Dios siempre pondrá personas como mentores en tu vida para instruirte sobre cómo prepararte para recibir un mayor favor y estos mentores buscarán seguridad para ti. Esto es lo que sucedió con Noemí y Rut. Noemí se convirtió en la mentora de Rut en Rut 3: 1.

Sus mentores le darán instrucciones sobre los requisitos del protocolo. Por ejemplo:

- Potifar fue el mentor de José durante una temporada, según Génesis 39: 1 - 6 y aprendió a funcionar a ese nivel. En Génesis 41:14 aprendió además que debía afeitarse la barba y cambiarse de ropa cuando se presentaba ante el rey, lo que no se hacía en su cultura original.

- Rut recibió instrucciones de su mentora para que se lavara el pelo y se ungiera, es decir, se pusiera el mejor vestido, según Rut 3: 3. Además, le indicó a Rut que no se diera a conocer hasta que hubiera terminado de comer y beber, en Rut 3: 4. Noemí le dijo que después de comer y beber se sentiría alegre, feliz y animada. Esto era protocolo y sabiduría, y su obediencia a estas instrucciones le hizo obtener un gran favor.

- Joab conocía el protocolo del rey David y cómo acercarse a él, según 2 Samuel 14: 2 - 3.

Sé siempre sumiso y obediente a las instrucciones de tus mentores para que camines a favor, como se vio en Rut 3: 5 - 6.

Como resultado, en Rut 3: 11, Booz se dio cuenta de que Rut tenía el carácter de una mujer virtuosa.

Cómo orar para avanzar en el ministerio (especialmente para los líderes de Dios)

Reza y pide a Dios:

- Darte personas que respeten la unción en tu vida
- Envíale personas que sean una bendición para ti, no una maldición.
- Envía a los constructores, no a los que derriban
- Envía a los que tienen corazón de siervo (2 *Reyes* 2 - *Elías y Eliseo)*
- Envíe obreros a su ministerio
- Envía a personas que celebren y promuevan tu ministerio (2 *Reyes 5 - La joven esclava*)
- Envía a personas que ayuden a tu ministerio (*Como Jesús .... Y Pablo - Lucas 8: 1 - 3.*
- Envía a muchas mujeres al ministerio. (*Las mujeres están más dispuestas a ministrar a las necesidades de los siervos de Dios - demostrado en I Reyes 17 - Elías y la viuda; Lucas 10: 38 - 42 - María y Marta).*

Lucas 10: 33

Dios siempre envía ayuda de fuentes despreciadas. Había una clara tensión racial entre Jesús y los samaritanos, según Juan 4: 9. ¡La fuente de ayuda no era un pariente o conciudadano de Israel, sino un samaritano despreciado!

En Juan 4, la mujer samaritana fue la mayor celebración del ministerio de Jesús, como se ve en el versículo 29: "*...¡Ven a ver a un hombre!*".

La mujer transformada se convirtió en una gran evangelizadora, influyendo en toda su comunidad y muchos samaritanos respondieron al ministerio de Jesús. Mientras que los judíos lo rechazaron (vs 29-30 y 39-41), los samaritanos creyeron en él por la palabra de la mujer que testificó en el verso 39 y en los versos 40 - 42, llevaron el ministerio de Jesús al siguiente nivel.

Una prostituta - en su línea de negocio ella conocía a todas las personas afluentes e influyentes en base a su clientela y los traería al ministerio de Jesús y ellos serían un apoyo para el ministerio de Jesús.

Una mujer samaritana sin nombre recibió una revelación que le cambió la vida y que escapa a muchos estudiosos. (I Corintios 1: 26 - 29)

- Recibió a Jesús como profeta
- Recibió a Cristo
- Ella discernió, pero los cristianos se derrumban.

Una de las grandes tragedias del prejuicio es que puede separar a uno de una fuente potencial de ayuda. La compasión de la mujer samaritana eclipsó su prejuicio, porque, en circunstancias normales, ¡probablemente ni siquiera habría hablado con Él! Cristo vino a romper esa división. (Santiago 2: 1 - 9)

En Mateo 27: 32, los sabios de todas las edades se sentirían honrados si se les permitiera realizar la tarea que se le encomendó a Simón de Cirene, un hombre negro del noroeste de África. Las manos negras se extendieron para ayudar al Salvador a llevar su cruz. No fueron los judíos, ni sus propios discípulos.

El eunuco etíope de Hechos 8: 26 fue el primer gentil convertido nombrado en el libro de los Hechos. Regresó a Etiopía para fundar la Iglesia Cristiana de Abisinia - Efesios 2: 1 - 10

Además, en I Reyes 17, fue a una viuda a quien Dios envió al hombre de Dios. No lo envió a una persona de mayor estatus. Dios siempre usa a las personas solteras para bendecir a su pueblo. Es para que usted discierna donde Él está abriendo la puerta!

En Marcos 15: 40 - 41 verás que la mayoría de los "*socios*"/apoyos de Jesús provenían de mujeres; así que Jesús también tenía Socios de Alianza, que viajaban con Él.

María Magdalena fue una discípula firme de Jesús y se ve mejor como un caso de estudio de cómo ninguna dimensión de la esclavitud satánica puede prohibir que los individuos sean restaurados a un servicio fructífero para Cristo. Ella ayudó y asistió al ministerio de Jesús.

Ana, una profetisa, una anciana viuda de unos ochenta y cuatro (84) años, no se apartó del templo, sino que sirvió a Dios con ayunos y oraciones noche y día. El nombre

"*Ana*" significa "*favor, gracia*" o en hebreo "*inclinarse o rebajarse en la bondad, encontrar el favor, mostrar el favor*". Era obediente y pura.

Al leer Lucas 4: 16 - 28, te darás cuenta de que aquellos a quienes buscas para respetar la unción no son a menudo los que lo harán. Además, debes entender que tus compatriotas no respetarán ni aceptarán fácilmente tu unción. Tampoco lo hará su propia familia a veces. Los tuyos siempre serán escépticos y querrán juzgarte por calificaciones terrenales. Ellos no celebrarán la unción; por lo tanto, no habrá grandes milagros. Jesús habla en Lucas 4: 24:

Entonces dijo: "Os aseguro que ningún profeta es aceptado en su propio país".

También habla de que había muchas viudas en Israel en el día de Elías, durante la hambruna, pero a ninguna de ellas, Elías fue enviado excepto a Sarepta en la región de Sidón, a una mujer que era viuda. ¿Por qué no envió a esos otros? Porque conocía sus corazones. Sabía que no respetarían la unción ni apoyarían el ministerio del hombre de Dios. Dios usó a un forastero!

- Jesús fue rechazado por los suyos
- José fue rechazado por su propio
- Elías fue rechazado por sus propios
- Juan fue rechazado por su propia
- Jeremías fue rechazado por su propia

- Eliseo fue rechazado por su propia

En Lucas 4: 25 - 27, la introducción de Elías y Eliseo en estos versículos no sólo explica por qué Jesús el Profeta,

fue rechazado, sino que también enfatiza la transferencia del reino, desde el rebelde Israel a los gentiles! Las dos regiones de Sarepta, (Sidón -I Reyes 17: 9) y Siria (2 Reyes 5: 1 - 14), son notablemente gentiles! No eran israelitas, Dios los bendijo en territorio gentil. Muchos leprosos (2 Reyes 5: 1 - 4) estaban en Israel en el tiempo de Eliseo y ninguno de ellos fue limpiado excepto Naamán el sirio.

Un profeta o un hombre de negocios nunca será honrado en su país. Cada vez que Dios quiere bendecirte, ya sea con inversiones espirituales o naturales, o con gente que te apoye, te envía a un lugar diferente, a una gente que no es de tu misma clase, que te apreciará y apoyará.

En Mateo 13: 53 - 58 Jesús esboza claramente la palabra "HONOR"! Es difícil obtener honor en tu propio país - ¡ya sea de tus parientes o de tu propia iglesia!

La incredulidad obstaculizará las obras poderosas, especialmente de los tuyos, tu visión no está entre los que piensas. Dios tiene un pueblo que te honrará y apoyará para que seas ese gran o nuevo millonario. (Juan 4: 43 -45)

Capítulo 31

COSAS QUE PUEDEN AFECTAR FINANCIERAMENTE A UNA NACIÓN

Mientras buscas entender los secretos para ser un Nuevo Millonario, necesitas entender lo que afecta a las finanzas de nuestra nación porque nos afecta a nosotros.

1. Adorar a otros dioses y no buscar al Dios verdadero y vivo. I Reyes 18:21

2. Las maldiciones de la Administración pasada - las cosas malas/equivocadas que hicieron - pueden afectar a la Administración presente y futura; según 2 Samuel 21

3. Una nación que ya no pone su confianza en Dios para tener éxito en su economía o en las guerras está invitando a las plagas y al hambre sobre la nación. Cuando se empieza a poner la confianza en la sabiduría carnal del hombre, en lugar de la sabiduría y la dirección de Dios, esto causa serios problemas.

4. Si un país no está pagando los Diezmos y las ofrendas como nación y a nivel individual, de

acuerdo con Malaquías 3: 8-12, esto traerá una maldición sobre la nación y sobre el pueblo. Entienda que la negativa a diezmar causará que las ventanas del cielo se cierren y bloqueará la bendición de Dios.

5. 2 Crónicas 31 rompe las imágenes y los pilares sagrados. Trae la ofrenda y las naciones serán bendecidas.

6. Cuando la nación da, el Señor bendice. Si una nación está pasando por una hambruna financiera, lo primero que hay que hacer es convocar una amnistía como en 2 Crónicas 31. Los líderes de la nación deben predicar con el ejemplo 2 Crónicas 31: 2 - 3.

7. Malaquías 2: 7 nos revela que una vez que los problemas financieros afecten a los líderes de Dios tanto que no puedan dedicarse plenamente a Dios y a la obra de Dios, esto afectará a la nación. (Lea también Números 18: 8 - 9; Deuteronomio 17: 8 - 11) Ellos serán juzgados tan pronto como la amnistía comience en cualquier lugar de marzo a julio. Además, los diezmos y ofrendas de la nación deben ser recogidos. El verso 7 nos dice que busquemos la bendición para la obediencia.

8. Éxodo 36: 5 - 6 muestra que el pueblo trajo tantas ofrendas que Moisés tuvo que ordenarles que dejaran de traerlas.

9. Los pecados de los sacerdotes de Dios pueden causar problemas financieros a una nación, como se

encuentra en Malaquías 3: 2 - 3. Dios los purificará para que ofrezcan al Señor una ofrenda en justicia.

10. Malaquías 3: 4 - 5 esbozan los pecados que pueden afectar a las finanzas de las naciones:

    - ✓ Ofrenda contaminada
    - ✓ Hechiceros
    - ✓ Adulteradores
    - ✓ Perjuradores

Los que:

- ✓ Explota a los asalariados, a las viudas y a los huérfanos
- ✓ Rechazar a un extranjero
- ✓ Carecen del temor de Dios

11. Malaquías 1: 11 te dice que Dios quiere ofrendas puras y agradables

12. Malaquías 1: 12 - 14 también esbozan el hecho de que Dios quiere lo mejor. Nada profano o manchado no lo que queda. En aquellos días solían traer a Dios los robados, los cojos y los enfermos como ofrenda.

13. En Malaquías 1: 7 - 8 se dice que ofrecerían alimentos contaminados en su altar. Ofrecían a Dios a los cojos, enfermos y ciegos; y con lágrimas, llanto y gritos. En esta Escritura, Él dice que no considera tales ofrendas ni las recibe con buena

> voluntad. Si ofrecieras ofrendas tan pobres a tu Gobernador, ¿se complacería contigo? ¿Te aceptaría favorablemente?

Muchos quieren bendiciones, pero no le temen - ofrecen lo que deben ofrecer a Dios a su gobernador. (Ofrecen la plata, el dinero desgarrado. No todas las ofrendas son aceptadas por Dios. El mal maldice las ofrendas)

La contaminación de las naciones, se esboza en Malaquías 1: 6, donde nos dice que los sacerdotes han perdido todo el respeto por el nombre de Dios y en su avaricia, ofrecen sólo enfermedades y

ofrenda infectada en el altar. Tienen más respeto por los políticos que por el Dios vivo. Dios retiene Sus bendiciones de tales personas por eso y por su desobediencia a Su pacto.

Malaquías 2: 10 - 1 6 hablan de los hombres que se divorcian de las esposas de su juventud para casarse con mujeres extranjeras - y se divorcian de esas esposas por razones equivocadas. Esto traerá maldiciones y hará que Dios retenga su bendición. Dios odia el divorcio. Cubre la ropa de uno con violencia.

Malaquías dirige su mensaje de juicio a un pueblo plagado de sacerdotes corruptos, prácticas perversas y una falsa sensación de seguridad en su relación privilegiada con Dios: hipocresía, infidelidad, matrimonios mixtos, divorcio, falso culto y arrogancia. Las naciones, por ser tan pecadoras, han descuidado la palabra de Dios sobre el diezmo y la entrega de ofrendas. Mira a Nehemías 13: 10 - 14.

Comprendan que *los "nehemios"* traen la restauración del apoyo levítico. Traen de vuelta a los sacerdotes y a los músicos que habían vuelto al trabajo secular. Esto es evidente en Nehemías 10: 37 y Números 35: 2.

Si la Casa de Dios es abandonada, esto traerá una maldición sobre las naciones. Instruyó a todo el pueblo a traer los diezmos al almacén. Nehemías 10: 38

Una vez que el enemigo, a través de los problemas financieros, pueda conseguir que los líderes vuelvan a sus posiciones/trabajos seculares, entonces dominará y controlará las naciones a través de las finanzas y el abandono de la Casa de Dios. Esto es lo que el enemigo quiere hacer para que el mal se apodere de él.

Dios quiere colocar a sus líderes de nuevo en el servicio a tiempo completo en el ministerio, en el que se les pagará para llevar a cabo la obra de Dios. Nehemías 10: 38 y Nehemías 12: 44.

Nehemías nombró tesoreros (Nehemías 13: 13; I Corintios 4: 2) para distribuir a los hermanos fieles.

Como se encuentra en Hageo 1: 4, ¡descuidar la casa de Dios causará un gran sufrimiento en la tierra y su gente!

Restauración del Día de la Adoración de Dios

Ya sea sábado o domingo, no debes profanar el día de adoración de Dios. Por ejemplo, el trabajo de semana flexible niega al pueblo de Dios la oportunidad de adorar y causará un gran problema financiero. Mire a Nehemías 13: 20. Los mercaderes y vendedores están realizando transacciones comerciales e ignorando los días de adoración de Dios; y esto se volverá en contra de una nación. Además, según Nehemías 13: 16, la venta de todo tipo de cosas en los días de culto de Dios afectará a la economía en todos los sentidos.

Restauración del matrimonio

Los líderes de Dios se están casando con esposas paganas, mujeres no salvas, Nehemías 13: 23 - 29. Tome nota de Nehemías 13:26, que habla específicamente de este pecado y su efecto en las naciones.

Por lo tanto, disuade a la gente de continuar con tales prácticas y, en cambio, nos anima a seguir los principios bíblicos relativos al matrimonio con el fin de experimentar las bendiciones sobre la nación.

Capítulo 32

CÓMO DISCERNIR CUÁNDO SE JUZGA A UNA EMPRESA, NACIÓN O IGLESIA

Joel 1

El libro de Joel hace referencia a las langostas, y estas criaturas simbolizan la destrucción; más concretamente, la destrucción masiva como juicio de Dios.

Algunos ejemplos de "langostas" en nuestro entorno son:

- ➢ Animales que mueren al azar
- ➢ Incendios que arden sin control
- ➢ Inundación
- ➢ Sequía
- ➢ Escasez generalizada de alimentos
- ➢ Crimen y violencia incontrolables

- Aumento de los accidentes
- Robo
- La tierra está totalmente despojada
- Catástrofes naturales
- Asesinato de niños
- Aumentos de precios
- La vegetación (árboles, plantas) se está secando
- Pérdida de maridos
- Falta de crecimiento
- Deuda nacional de alto nivel
- Quiebra

Dios siempre se dirige a sus ancianos/profetas cuando suceden cosas como estas, y les dice que se arrepientan, que se hagan cargo y que instruyan a las naciones en la justicia. Joel 1: 9 habla de las dificultades de la iglesia; la falta de ofrendas era una señal de que Dios está juzgando a las iglesias y a las naciones.

El grano, el vino y el aceite eran elementos básicos de la dieta del pueblo. La sequía es un juicio de Dios. Además, los versículos 10 - 12 te dicen lo que se considera el juicio de Dios. Joel 1: 13 - 14 explica que los ministros del gobierno deben convocar un ayuno en la nación y acostarse toda la noche en cilicio por la nación. Joel 1: 17 - 18 te da otros ejemplos de juicio de Dios.

- Escasez de alimentos/hambre
- Destrucción de las cosechas, no hay primicias ni ofrendas de agradecimiento que sirvan para expresar alegría y gozo al Señor.
- Fusiones y cierres de empresas para reducir costes
- Despidos generalizados
- Bajos márgenes de beneficio

Cuando todo este juicio está teniendo lugar, entonces Dios llama a la nación al arrepentimiento, según Joel 2: 12. Él instruye al pueblo para que se presente ante él con

- Ayuno
- Llorando
- Luto

Joel 2: 13 dice:

"*... Rasga tu corazón y no tus vestidos...*"

Era una práctica común en tiempos de dolor rasgar/desgarrar las ropas en señal de duelo. Dios quiere un espíritu roto y desgarrado.

Ahora el pecado y el juicio han tocado a todas las personas, desde los ancianos hasta los niños de pecho. El arrepentimiento debía incluir a cada persona. Incluso debía interrumpir a la novia y al novio.

Porque como dice Joel 2: 17,

"¿Por qué han de decir entre la gente: 'dónde está su Dios'.'"

Cuando se ve que estas cosas comienzan a suceder en una nación, entonces se necesita un líder que busque a Dios en oración y ayuno y aplique los Principios Bíblicos.

Capítulo 33

LOS BENEFICIOS DE CONFIAR EN DIOS

Muchas personas no ven la importancia y el significado de confiar en Dios. Algunos no creen en Dios, por lo que no confían en lo que no creen. Sin embargo, confiar en Dios tiene sus ventajas. Aquí hay varios de ellos.

- La clave de la prosperidad es confiar en Dios como tu fuente en todo momento, y darte cuenta de que el hombre no es tu fuente.

- Dios es Aquel en quien debes confiar primero; incluso si Dios puso un libertador financiero en tu vida, Dios debe estar siempre al frente, no el libertador.

- Debe confiar primero en Dios como su negociador principal en los negocios. Aunque usted tenga buenas habilidades de negociación, Dios es en quien debe confiar para dirigir las negociaciones.

- Hay que confiar en que Dios se ocupa de todos los aspectos de nuestra vida

- Confía en que Dios te promoverá a su debido tiempo

- Confía en Dios para encontrar soluciones cuando te enfrentes a situaciones difíciles.

- Confiar en Dios primero trae gran prosperidad en sus vidas.

- Tu avance viene primero del Señor!

- Tu ayuda viene del Señor (Salmo 121)

- Nunca cambies de enfoque cuando tu bendición comience! Siempre confía en Dios primero según Mateo 6: 33

- Cuando alguien te haga un voto, confía siempre en Dios para que pague ese voto. No pongas toda tu confianza en la persona para que pague ese voto. En lugar de eso, pon toda tu confianza en Dios para que pague ese voto. De lo contrario, ese voto nunca será pagado.

- No confíes en tus riquezas, confía en Dios.

- No confíes en "*carros y caballos*" confía en Dios. Tu seguridad está en Dios, no en las cosas que Él te permite tener. Solo puedes confiar en Dios para que te asegure a ti y a tus bienes, empresas y naciones.

- Confía en el Señor con todo tu corazón y no te apoyes en tu propio entendimiento. Esta es su petición según Proverbios 3: 5 - 6 y Proverbios 3: 20 - 22.

- No confíes en una administración política para traer el cambio; ¡confía en Dios! Confía en Él para que traiga el cambio; Él levantará a alguien con Su corazón - uno que confía en Él, para hacer el cambio necesario.

- No confíes en el sector financiero ni en las condiciones del mercado para determinar si tu inversión estará o no asegurada. En su lugar, confíe en el Señor, que aunque el mercado no esté en auge, su inversión sigue en auge.

- No pongas tu confianza en un hombre para corregir un mal mercado financiero. En su lugar, pon tu confianza en Dios para arreglar una mala economía. (Jeremías 9: 23 -24)

Lea también Jeremías 17 y 1 Timoteo 4: 10

BIBLIOGRAFÍA

Hagee, John C. General Editor, *Prophecy Study Bible,* (New King James Version) © 1997 Thomas Nelson, Inc

Hayford, Jack W. Executive Editor, *New Spirit-Filled Life® Bible,* (New King James Version) © 2002 Thomas Nelson, Inc.

Milligan, Ira L. *Understanding The Dreams You Dream,* First Edition. © 1997 Ira Milligan, Treasure House, An Imprint Of Destiny Image Inc.

Milligan, Ira L. *Understanding The Dreams You Dream Volume II,* Revised Edition. © 2000 Ira Milligan, Treasure House An Imprint Of Destiny Image Inc.

Pfeiffer, Charles F., Vos, Howard F., Rea, John. Editors, *Wycliffe Bible Dictionary,* (Seventh Printing) © 2005 Hendrickson Publishers, Inc

Price, Paula A. (PhD). *The Prophet's Dictionary: The Ultimate Guide To Supernatural Wisdom,* © 1999, 2002, 2006 Whittaker House

Strong, James. *The New Strong's Expanded Exhaustive Concordance of the Bible,* (Red Letter Edition) © 1990 Thomas Nelson Publishers

Concise Oxford English Dictionary Eleventh Edition. © 1964, 1976, 1982, 1990, 1995, 199, 2001, 2004 Oxford University Press. All Rights Reserved.

Made in the USA
Monee, IL
04 November 2026

67385324R00187